总经理财务管理实操手册

刘 畅◎编著

中国铁道出版社有限公司
CHINA RAILWAY PUBLISHING HOUSE CO., LTD.

内 容 简 介

本全书以理论＋案例的行文方式，对公司总经理或管理人员应了解的财务知识做了详细全面的介绍。

全书共9章内容，包括总经理应了解的财务基础知识、如何进行内部控制和财务管理、怎样管好现金流和应收应付账款、如何通过资产与存货了解公司的家底、学习管控成本和费用等开支，以及如何管理融资、投资、税务和预算等工作事项。

本书适合不同类型企业的总经理或管理者，或即将成为公司总经理、管理者的晋升人员，以及希望学习或进修一些财务管理方面知识的工作者阅读。

图书在版编目（CIP）数据

总经理财务管理实操手册/刘畅编著. —北京：中国铁道出版社有限公司，2021.6

ISBN 978-7-113-27519-8

Ⅰ.①总… Ⅱ.①刘… Ⅲ.①企业管理－财务管理－手册 Ⅳ.①F275-62

中国版本图书馆CIP数据核字（2021）第043225号

书　　名：总经理财务管理实操手册
ZONGJINGLI CAIWU GUANLI SHICAO SHOUCE
作　　者：刘　畅

责任编辑：王　佩　　**编辑部电话：**（010）51873022　　**邮箱：**505733396@qq.com
封面设计：徐　萌
责任校对：孙　玫
责任印制：赵星辰

出版发行：中国铁道出版社有限公司（100054，北京市西城区右安门西街8号）
印　　刷：三河市兴达印务有限公司
版　　次：2021年6月第1版　2021年6月第1次印刷
开　　本：700mm×1 000mm 1/16　**印张：**14.75　**字数：**197千
书　　号：ISBN 978-7-113-27519-8
定　　价：69.00元

前言

财务管理是一家公司经营过程中不可或缺的内容，它不仅是公司在物质资料再生产过程中客观存在的资金运动及资金运动过程中所体现的经济关系，更是公司财产和债务情况的反映，即资产和负债状况。

很多人认为，做财务只是公司财务部门的事情，殊不知，财务存在于公司内部的各个科层，也就是说，总经理及其他管理者也需要掌握必要的财务知识，这样才能更好地管理财务部门，进而更好地经营公司。

然而在实际工作中，有很多公司的管理者却是财务的“门外汉”，只能单一地从财务报表提供的数据得出很表面的公司经营情况，无法更深入地掌握公司的发展状况，这就容易给公司带来财务风险甚至经营风险。

所以，财务知识是很多管理者急需的“课程”，这不仅能丰富他们的知识储备，也能拓宽他们的知识面，更能促使他们成为公司真正的领导者，切切实实掌握公司的历史与现在，准确预测公司的未来。

为了帮助有财务学习需求的总经理或管理者更准确地把握公司的财务状况，提高其管理能力，我们编写了本书。本书共9章，大致可分为4个部分。

- 第一部分为本书的第1章，这部分主要说明懂财务的总经理才是优秀的总经理，其具体内容包括总经理要懂得一些财务基础知识、应学习的财务报表和应掌握的财务分析知识等。
- 第二部分为本书的第2～5章，这部分介绍了总经理如何通过财务管理对公司的经营情况进行管控，其具体内容包括做好内部控制、财务细节管理、现金流管理、应收应付账款管理、资产与存货管理以及成本、费用和薪酬管理等。

- 第三部分为本书的第 6 ～ 7 章，这部分介绍了总经理如何通过对外融资、筹资活动增加公司的收益，其具体内容包括总经理如何做好融资管理和投资决策。
- 第四部分为本书的第 8 ～ 9 章，这部分主要从全局的角度，教会总经理如何通过税务筹划、风险控制和全面预算来规划公司的发展轨迹和目标。

本书立足于总经理和管理者，列举了大量的财务工作案例，希望读者能在阅读过程中代入实例，做好个人身份定位并掌握自己该掌握的财务知识，从而在工作中全方位地做好管理工作。

在本书的创作过程中，笔者非常注重语言表达的通俗易懂。为了让读者更好地学习相关财务知识，本书还使用了大量的图示、表格和模板等元素，以清晰、直观的方式，简化复杂的知识讲解，降低阅读和学习难度。

由于编者经验有限，加之时间仓促，书中难免会有疏漏和不足之处，恳请专家和读者不吝赐教。最后，希望所有读者能够从本书中获益，在财务管理实战中恰当地运用所学财务知识。

编　者

2020 年 12 月

第 1 章 优秀总经理的标准：懂财务才能做好公司管理

一个合格且优秀的总经理当然得懂财务，这样才能更好地管理公司的业务、人事和未来发展。

1.1 总经理也要懂的财务基础知识 /2

1.1.1 要明白财务工作不只是财务部的事情 /2

1.1.2 总经理要搞清楚什么是财务管理 /4

1.1.3 熟知资金运动方向并定好财务管理目标 /9

1.2 财报是企业无声的语言，总经理要会看 /11

1.2.1 主要的财务报表 /11

1.2.2 什么是财务报表附注 /15

1.2.3 财务情况说明书包含的内容 /18

1.2.4 3 个步骤教你如何看报表 /19

1.2.5 总经理要了解如何判断财务报告重大错报 /20

1.3 学会财务分析方法才能做好管理与决策 /23

1.3.1 透过负债规模看资本结构 /23

1.3.2 从可运用资金看财务风险 /25

1.3.3 透析利润看真正的营利能力 /27

1.3.4 从企业营运能力看资产管理水平 /29

1.3.5 上市公司的财务分析指标 /33

第 2 章 学内部控制和财务管理，做好全局掌控

总经理学会看财务报表是一项最基本的工作技能，而要想更有效地管理公司，还需要学习内部控制和财务管理。

2.1 总经理做好内部控制，才能治理好公司 /36

2.1.1 内部控制的具体内容和执行方法 /36

2.1.2 企业内部控制工作中总经理的职责 /38

2.1.3 风险管理是内部控制的主要内容 /40

2.2 深知内部控制的缺陷，做出相应的防范措施 /42

2.2.1 如何判断公司的内部控制存在缺陷 /43

2.2.2 内部控制要做好各层级的职责分工 /44

2.2.3 总经理要让财务总监成为自己的帮手 /45

2.3 总经理做好财务细节管理，让公司运转有序 /47

2.3.1 充分利用账外空间，提高财务管理能力 /48

2.3.2 要严格管理原始凭证 /50

2.3.3 监督好企业的对账和结账工作 /51

2.3.4 了解企业会计资料的保管期限 /52

2.4 严格管理财务人员，为公司建立财务屏障 /54

2.4.1 合理设置财务岗位，让员工各司其职 /54

2.4.2 规范财务人员的考核制度 /55

2.4.3 制订出激励财务人员的方案和办法 /57

第3章 学现金流和应收应付款，看清公司周转情况

总经理要想很好地掌握公司的财务情况，还要学习公司现金流和应收应付款的相关财务知识，了解公司的资金周转情况。

3.1 总经理管好现金流，让企业有钱可用 /60

3.1.1 确定最佳现金持有量 /60

3.1.2 总经理组织财会人员定期清查库存现金 /63

3.1.3 加强银行存款的管理 /64

3.1.4 支票结算应注意的问题 /65

3.2 总经理从现金流看企业的现金偿债能力 /66

3.2.1 分析公司的现金偿债能力 /67

3.2.2 做好未来现金流的预测 /68

3.2.3 现金流量表提供的实用信息 /69

3.3 应收账款收回来了才是资产 /72

3.3.1 督促财务人员定期核对往来账 /72

3.3.2 对是否该延长信用期做出合理判断 /73

3.3.3 清楚其他应收账款中的“秘密” /75

3.4 可怕的不是应付账款多，是应付账款不实 /77

3.4.1 贪污现金折扣是应付账款易出现的问题 /77

3.4.2 改善应付账款管理的对策 /79

第 4 章 学资产与存货，搞清公司到底有没有钱

作为公司的总经理或管理者，了解公司的资产和存货状况是理所应当的。资产和存货是公司拥有的财富，科学地管理并合理运用资产和存货，可以给公司带来经营收益。

4.1 资产是本，日常管理和盘点工作很重要 /82

4.1.1 熟悉固定资产日常管理的工作内容 /82

4.1.2 定期组织财务人员进行资产盘点 /84

4.1.3 做好资产评估才能更好地管理资产 /86

4.2 资产会贬值，总经理要懂折旧、摊销和清理 /89

4.2.1 要知道固定资产折旧的方法与要求 /89

4.2.2 不可忽视的无形资产摊销 /90

4.2.3 了解需要进行固定资产清理的情形 /92

4.3 存货放着是浪费，卖出去了才能营利 /94

4.3.1 总经理要协助生产部门确定合理存货量 /94

4.3.2 了解企业发出存货的成本计量方法 /95

4.3.3 督促财会人员做好存货跌价准备的核算 /98

4.4 总经理学习存货管理，做好确认计量 /99

4.4.1 存货按照经济内容分类有 7 种 /99

4.4.2 总经理要明白什么是从计量角度确认存货 /100

4.4.3 存货管理中有哪些舞弊行为 /101

第 5 章 学管控成本、费用和薪酬，明白钱去哪儿了

作为公司的总经理，不仅要知道公司的资产和收入状况，还要了解成本、费用和薪酬等开支状况，有进有出，公司才能向前发展。

5.1 总经理熟悉各项成本，了解企业的大开支 /106

5.1.1 财务工作中会涉及的成本种类 /106

5.1.2 总经理要协助制定目标成本 /107

5.1.3 学会控制较大的成本开支 /109

5.2 不能小觑各种费用，管不好就会乱套 /110

5.2.1 严格控制公司的业务招待费支出 /110

5.2.2 总经理要善于发现制造费用的“猫腻” /112

5.2.3 计提各部门员工薪酬时要先计入对应的费用 /114

5.2.4 做好其他一些费用的控制 /116

5.3 管好职工薪酬，总经理才能管好人与财 /117

5.3.1 总经理要学会及时调整薪酬制度 /118

5.3.2 在经营过程中不断完善薪酬激励制度 /119

5.3.3 总经理要学会利用弹性福利制度 /122

5.3.4 奖金的激励作用明显，但不可乱发 /124

第 6 章 学融资管理，为公司减轻资金运营负担

通过向外融资，可以给公司的资金运营减轻负担。而在执行融资计划的过程中，总经理和管理者一定要清楚适合公司的融资方式以及注意融资风险的防范。

6.1 拓展维护融资渠道，落实融资计划和方案 /126

6.1.1 总经理首先要了解公司的资金需求情况 /126

6.1.2 预测资金需求量是融资管理的起点 /127

6.1.3 为公司寻找新颖的融资渠道和方式 /130

6.1.4 总经理要学会寻求政策性融资 /132

6.2 总经理对融资提高警惕才能降低用钱风险 /134

6.2.1 时刻关注融资进度，降低融资风险 /134

6.2.2 在进行融资活动时要谨防诈骗 /135

6.2.3 总经理要牢记融资的五大误区 /139

6.2.4 判断公司是否适合股权众筹的标准 /140

6.2.5 股权众筹融资有比较严格的流程 /141

第 7 章 学投资决策，准确把控资本带来的收益

公司在发展过程中需要决策如何进行投资，当总经理和管理者学会如何制定出恰当、准确的投资决策，不仅能为公司带来收益，还能严格把控投资收益的质与量。

7.1 适当投资，为企业实现资本增值 /144

7.1.1 参与拟投资项目的尽职调查 /144

7.1.2 对拟投资项目进行可行性研究分析 /146

7.1.3 总经理要关注投资项目的风险和现金流 /149

7.1.4 学会计算内部收益率，判断投资项目的财务效益 /151

7.1.5 学会预测投资回收期，做出合理的投资决策 /154

7.2 总经理要明白投资不是越多越好 /157

7.2.1 牢记几种常见的投资陷阱 /157

7.2.2 学会中断亏损项目，减少公司损失 /160

7.2.3 总经理要知道通货膨胀对投资分析有影响 /161

第 8 章 学会税务筹划和风险控制，更好地为公司护航

由于经营过程中涉及的税务处理比较复杂，所以总经理也需要学习相关的税务知识，以监督和引导员工正确处理税务。公司在经营过程中会面临各种风险，作为公司的领导者、总经理和其他管理人员要学会控制风险，避免公司利益受损。

8.1 了解税务的概况，履行好公司的纳税职责 /164

8.1.1 清楚公司的纳税人身份和适用税率 /164

8.1.2 取消税务登记证后仍要办理税务登记 /167

8.1.3 总经理要明确公司该交哪些税 /168

8.1.4 总经理要对税务处理流程有大概的了解 /172

8.2 了解税收优惠政策，做好税务筹划准备 /175

8.2.1 增值税、消费税及相关联税种的优惠政策 /175

8.2.2 印花税的优惠政策 /176

8.2.3 企业所得税和个人所得税的优惠政策 /177

8.2.4 房产税、契税的优惠政策 /180

8.2.5 城镇土地使用税、土地增值税和耕地占用税的优惠政策 /181

8.2.6 车船使用税、车辆购置税的优惠政策 /183

8.2.7 其他税种的优惠政策 /184

8.3 学习税务筹划，为公司谋利 /185

8.3.1 掌握税务筹划的切入点，节税很简单 /186

8.3.2 什么是节税 /187

8.3.3 利用税收优惠进行税务筹划时的要素 /190

8.4 总经理懂风险控制，为公司发展披荆斩棘 /193

8.4.1 以风险控制为导向，建立内部审计制度 /193

8.4.2 总经理如何分散财务风险 /195

第 9 章 学全面预算管理，防止公司过度透支而破产

总经理和管理者要带领全体员工做好全面预算工作，控制经营成本，预测经营收入，对收支情况做到心里有数，防止公司在不知不觉中透支，导致公司无法继续经营，面临破产危机。

9.1 了解全面预算管理的流程和构成 /198

9.1.1 预算管理的起点是要有公司战略目标 /198

9.1.2 全面预算管理的内容框架 /200

9.1.3 全面预算管理的流程图 /202

9.1.4 预算的组织实施和监控 /203

9.2 总经理了解财务预算的内容，指导财务预算工作 /204

9.2.1 现金预算反映现金收支活动情况 /204

9.2.2 生产费用预算反映成本和费用的支出情况 /205

9.2.3 预计三大财务报表数据 /207

9.2.4 资本预算反映资本支出活动的状况 /211

9.3 要想预算不脱轨，进行预算审核、分析、调整及考核 /212

9.3.1 总经理进行预算审核让预算不脱轨 /212

9.3.2 预算分析的 4 种方法 /213

9.3.3 预算调整的原则和几种常见方法 /214

9.3.4 只执行不考核，预算就是空中楼阁 /216

9.4 重视预算管理的误区，少走弯路 /218

9.4.1 误区 1：预算就是计算出一些汇总数据 /218

9.4.2 误区 2：公司一定会按照预算结果往前发展 /219

9.4.3 误区 3：制订财务计划就是预算管理 /220

总经理财务管理实操手册

1

优秀总经理的标准：懂财务才能做好公司管理

作为公司的管理者，只知道每天在文件上签字肯定是不行的。一个合格且优秀的总经理必须得懂财务，这样才能更好地管理公司的业务、人事和未来发展。但是，这并不代表总经理一定要学会有关财务的细枝末节，其实只需掌握全局性的财务知识和管理技巧即可。

要明白财务工作不只是财务部的事情
熟知资金运动方向并定好财务管理目标
什么是财务报表附注
3个步骤教你如何看报表
透过负债规模看资本结构
透析利润看真正的营利能力
……

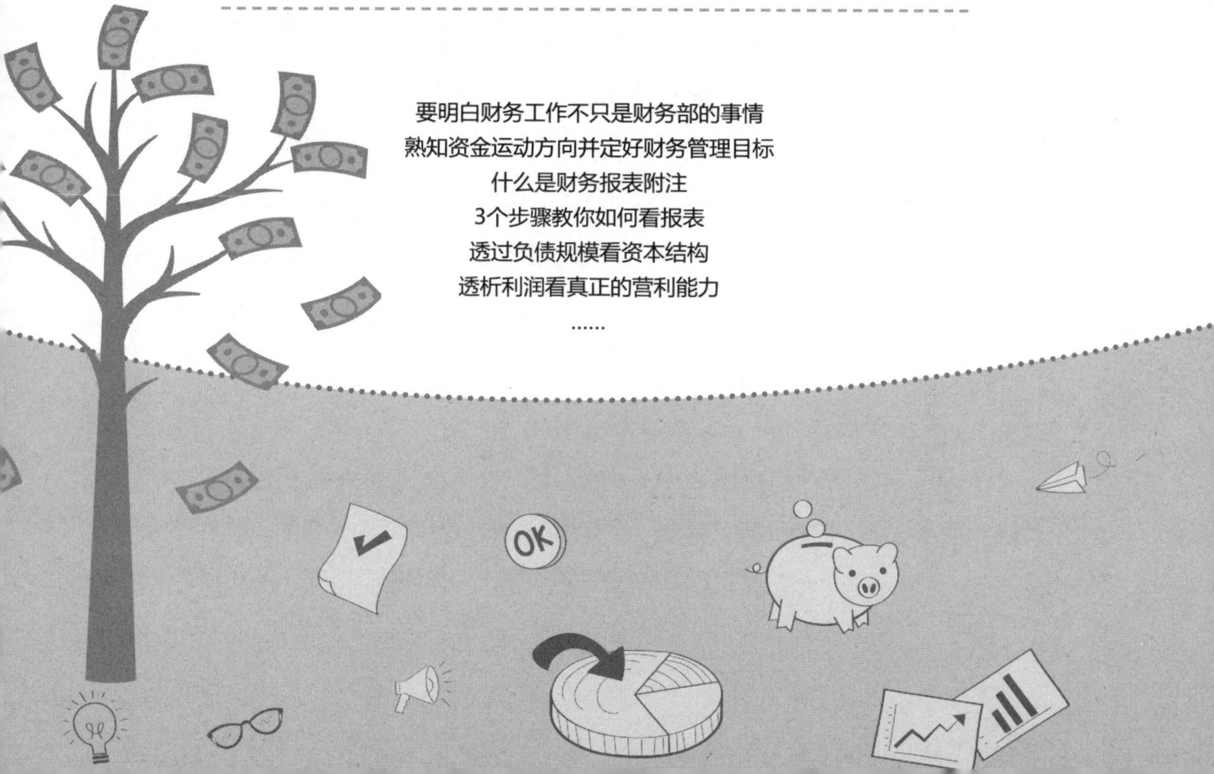

1.1 总经理也要懂的财务基础知识

财务泛指财务活动和财务关系，具体是指公司在生产过程中涉及资金的活动和企业与各方面之间的经济关系。作为公司的总经理，必要的财务知识是需要且有必要了解的，这样才能使自己更好地把控企业的整体经营状况。

1.1.1 要明白财务工作不只是财务部的事情

很多不懂财务的管理者，甚至是老板，都会狭隘地认为公司的财务工作只是财务部门的事情，自己以及其他部门的人都不需要了解，更不需要懂。这样的想法其实是大错特错的，为什么呢?

◆ 财务数据来源是其他部门，工作有联系

由财务部门统计出的数据，其来源还是其他各个职能部门在公司生产经营过程中收集和整理的各项数据，财会人员的主要工作是将其他各个职能部门提交和汇总的经营数据，重新进行规范地记录和整理，从而形成专业的财务数据。

因此，在工作上，财会人员需要与其他职能部门的同事有连接，甚至有时需要双方进行业务讨论、交流，以保证数据和信息的准确性、可靠性以及有效性。这样看来，公司内部除财务部门外的其他职能部门也会涉及财务常识。

◆ 各项管控工作要从财务管理目标出发

常见的财务管理目标有：利润最大化、股东财富最大化和企业价值最大化。而要实现这些财务目标，公司就必须做好成本管控工作。在经营管理过程中，一家公司的成本涉及多个方面，如采购成本、人工成本、生产成本和销售成本等，管理并控制好这些成本，才能促使企业完成前述的财务管理目标。这些成本管理需要借助采购部、人力资源部、生产部门和销售部门的力量，由这些部门做好本部门的成本管控工作，从而促使公司做好整体的成本管理，最终达成财务管理目标。

◆ 当期财务管理结果是下期企业管理的指导和参考

财务管理工作就是总结企业当期期末财务状况、当期实现的财务成果以及反映当期现金流量情况，从而为企业后期的经营工作提供参考依据。

具体来说，当期财务管理的结果，将用来指导企业在下一期的经营工作，如果结果不好，说明企业经营状况不好，需要改变经营策略或重新制订经营计划，使得管理结果往好的方面发展，而在改变策略的过程中需要各部门积极配合，以财务管理目标为指导，制订本部门的管理计划；如果结果好，说明企业经营状况良好，实施的经营策略是有效的，可继续保持。

比如，企业当期实现的利润总额很低，甚至与上一期相比有明显下滑，说明企业的经营状况不太好，可能有变坏的迹象，需要管理者提高警惕，及时调整经营策略、改变销售方式或严格管控成本。

◆ 总经理在财务工作中的角色是领导和监督

作为公司总经理，虽不需要面面俱到地去开展财务管理工作，但必须站在制高点，领导企业的财会人员以及所有其他员工做好财务工作，并在工作过程中对财务管理工作进行有效的监督，防止出现财务舞弊行为，给企业带来经济损失。而领导并监督财务管理工作，就要求总经理应学会一些基本的和全局性的财务知识，要明白财务工作不只是财务部门的事情，自己在财务管理工作中也有需要扮演的角色和需要做的事情。

实例分析

总经理不懂财务，给公司带来经营风险

元某是一家酿酒公司的总经理，由于是企业的老员工，从最初的销售人员一路靠业绩坐上总经理的位置。虽然是总经理，可他对财务知识一窍不通，甚至连公司适用的消费税税率都不清楚。

2020 年 3 月底，公司要在国家信用信息公示系统中出具年报，财务部相关人员将财务报告的电子文件提交给元某审核。他因为自己看不懂，就粗略地看了看各个财务报表的最终数据，如资产总额、负债、所有者权益总额以及净利润额等，并没有仔细查看这些数据是否合理、计算是否正确，最后直接让财务部负责人按照财务报告的结果在信用信息公示系统中进行年报公示。

不久，税务机关对公司进行例行检查。查出财务报表和账簿等会计资料中的一些数据不合理，进而查出了财务舞弊行为。相关人员受到处罚的同时，公司也遭到了罚款，并在财税机关的信誉度暴跌。由于是初犯，税务机关酌情考虑，没有将公司纳入“黑名单”。

此事过后，元某才深刻认识到管理者懂得财务知识的重要性。

1.1.2 总经理要搞清楚什么是财务管理

从定义上理解，财务管理是指企业在一定的整体经营目标下，对资产的购置、资本的融通、经营中现金流量和利润分配的管理。通俗点说，资产的购置涉及企业的投资活动，资本的融通涉及筹资活动，而现金流量涉及企业的运营资金问题，利润分配与所有者权益密切相关。由此可见，财务管理就是对企业的资产、负债和所有者权益进行的管理工作。

1. 财务管理的内容

由财务管理的定义可知，其管理内容包括 4 个方面：投资管理、筹资管理、营运资金管理和利润分配管理。如表 1–1 所示的是对这 4 方面内容进行的简单介绍。

表 1–1

管理内容	解释
投资管理	通常，投资管理是一项针对证券和资产的金融服务，但对企业来说，投资管理是一项对资产购置、股权投资等进行管理的工作，如持有交易性金融资产、进行长期股权投资、购买债券等。作为总经理，要考虑投资管理能给企业带来哪些额外的投资收益、什么样的投资方案才是适合企业的等问题
筹资管理	筹资管理是企业作出的一种财务行为，是指根据自身生产经营、对外投资和调整资本结构等的需要，通过筹资渠道和资本市场，运用筹资方式，经济有效地筹集企业所需的资本。作为总经理，要在筹资管理活动中寻找满足公司资金所需的方法、尽可能地降低企业的资金成本
营运资金管理	营运资金是企业流动资产与流动负债的总称，因此营运资金管理包括流动资产管理和流动负债管理。流动资产和流动负债是企业维持正常运转的关键要素，因此营运资金管理是企业财务管理的重要组成部分。作为总经理，在营运资金管理工作中，不仅要时刻关注流动资产和流动负债的变化情况，从而及时作出经营决策，还要时刻监督并督促下属员工做好营运资金管理工作，防止营运资金出问题而使企业面临经营风险
利润分配管理	利润分配是指企业在一定时期内对自身实现的利润总额（有联营单位的，还包括从联营单位分得的利润），按规定在国家与企业、企业与企业之间进行分配。也就是说，利润分配管理是对企业利润分配工作中涉及的方方面面进行管理，如按规定提取法定盈余公积、经股东大会同意并按规定提取任意盈余公积、向企业的投资者（或股东）分配股息或红利等。作为总经理，要在利润分配管理中起到领导、监督和给予有效的管理意见的作用

2. 财务管理的原则

做好财务管理，还需要了解其管理原则，尤其是不涉及基层财务工作的总经理等管理人员更应牢记财务管理原则。具体有 10 项原则，内容如下。

◆ 风险收益的权衡原则

风险收益的权衡原则是指在企业财务管理工作中，风险与收益是成正比的，要想生产经营获得高收益，必然会面临高风险。相反，要想公司的经营管理面临较低的风险，则必须接受收益较低的事实。换句话说，额外的风险需要有额外的收益进行补偿，额外的收益会有额外的风险伴随。

◆ 考虑货币时间价值的原则

财务管理中需要考虑资金的现值、未来值以及未来可变现净值，这些都与货币时间价值有关。货币在经历了一定时间的投资和再投资后增加的价值，就是货币时间价值。由于企业经营管理中，需要根据财务管理的计划进行资金结构的调整，从而使企业的货币时间价值发挥最大作用，既不让货币资金过多而闲置，也不让货币资金短缺而出现周转不灵的危机。

在对资金结构进行调整的过程中，就要考虑货币时间价值，以求达到资金利用率最大化。

◆ 衡量价值要考虑现金而不是利润的原则

这里的价值是指企业的综合价值，现金指现金及现金等价物，也就是说。在财务管理中，要从现金及现金等价物的使用、变动和净流量等情况衡量企业具有的价值，而不仅仅是单面地从获取的利润来衡量。

◆ 增量现金流原则

增量现金流并不是现金流的增加量，而是企业一定时期内现金和现金等价物的流入与流出数量的统称，也被称为相关现金流量。该原则主要是针对企业的投资项目，在计算投资项目的净现值时，只有增量现金流是有意义的，即存在现金及现金等价物流入、流出的差额。

◆ 竞争市场中没有利润特别高的项目

项目的收益与风险是并存的，在获取高收益的同时会面临高风险，从综合分析的角度看，高风险抵消了一部分收益，使得高收益并不“高”。

而获取低收益时，风险较低，从综合分析的角度看，低收益也不一定“低”。收益和风险的相互作用使得在竞争市场中没有利润特别高的项目。

◆ 资本市场有效原则

企业进行财务管理的前提是资本市场有效的，即市场是灵敏的，价格是合理的，市场价格的形成主要与市场中的供求关系密切相关。

如果资本市场无效，比如市场价格不合理，则市场无法完成自我调节等，那么企业所做的财务管理工作就没有意义，统计出的财务数据结果就不客观。

◆ 管理者与所有者之间的代理原则

实质上，企业的管理者与所有者之间是代理人和被代理人的关系。所有者按照法定的程序可以聘用或解聘管理者，也可采取激励措施来留住管理者；而管理者在企业经营过程中，需要作为所有者的代理人，行使一定的权利，帮助所有者管理公司事务。

对企业所有者来说，其追求的是企业价值最大化和股东财富最大化，而管理者只相当于一群高阶的“打工仔”，其利益与所有者是不一致的。所有者更看重公司的整体运营效益，而管理者在考虑整体运营效益的同时，会主要关注自身的利益。这是公司经营模式引发的问题，没有办法彻底解决，只能适应这种代理关系，在适当的方法下尽可能地让两者的利益不那么冲突，确保企业经营效益不会因此受到损害。

◆ 纳税影响业务决策的原则

纳税是市场经济中所有纳税人应尽的义务，各企业在生产经营过程中必定会涉及税款的缴纳，这是企业不得不考虑的一项重要支出。由于纳税义务的履行、税款的缴纳，会影响企业当期净利润的获取情况，最终会影响企业利润分配的管理工作，因此，企业的业务决策就会相应地受到纳税工作的影响。

税款缴纳的多与少，直接影响企业当期利润的多少，进而影响企业利润分配的力度和是否进行分配的决策，最终影响企业发展规模。而企业为了在履行纳税义务的同时还能实现企业扩张和发展，就必须调整和改变业务决策。

这就是纳税影响业务决策的表现，是无法改变的现实，企业进行财务管理时也只能将其作为管理原则，积极应对纳税问题和业务决策问题，从原则出发，组织、安排经营管理工作。

◆ 风险分为不同类别的原则

总经理要有这样的意识，在企业财务管理工作中，风险需要划分为不同的类别，最基本的划分类型是可分散风险和不可分散风险。

其中可分散风险又称非系统风险，是指由特殊因素引起的、通过一定方法可以分散并减小的风险，如投资风险，可以按照更优的投资组合方案分散或减少。

而不可分散风险与可分散风险相对，因此也被称为系统风险，是指那些影响整个市场的风险因素引起的、影响所有资产且不能通过资产组合来分散和消除的风险，如宏观经济形势的变动引起的风险、财税改革带来的风险等。

针对不同类别的风险，企业在财务管理中需要采取不同的应对措施，我们不能改变风险的属性，只能以风险的类别为基准，为采取措施的原则，差异化实施风险防范措施。

◆ 道德行为就是要做正确的事

在财务管理工作中，处处都存在红线，为了防止出现财务舞弊行为，就必须严格遵守“道德行为就是要做正确的事”的原则。在工作中坚守原则、坚持底线，严格按照法律、法规和规章制度的要求及规定行事，不要心存侥幸，更不要“明知不可为而为之”。

除此以外，还要能扛得住不法势力的打压，坚决与不法势力作斗争，即使力量微薄，也不能在原则上妥协。

1.1.3 熟知资金运动方向并定好财务管理目标

资金运动是指资金的形态变化或位移，在企业的经营管理过程中，资金的运动方向大致是相同的，以生产型企业为例，其资金运动方向一般如图 1–1 所示。

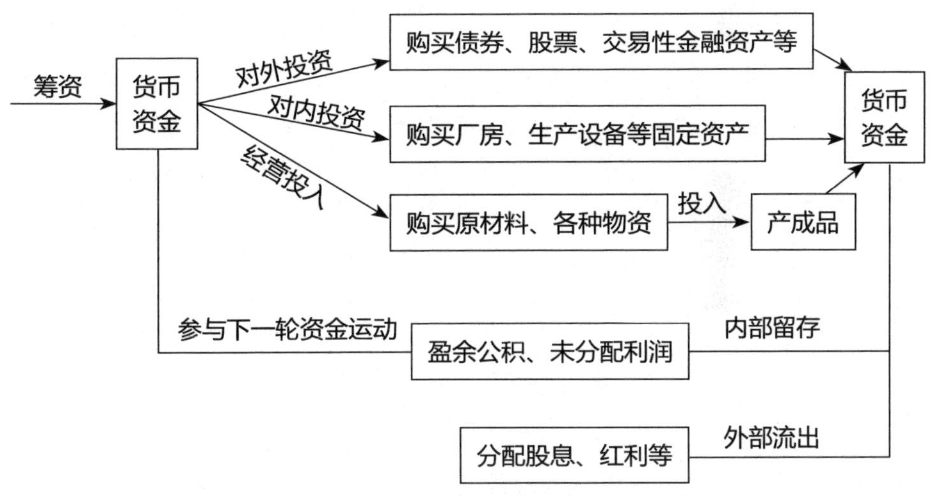

图 1-1　企业的资金运动方向

从上图可以看出，货币资金在生产型企业中的运动轨迹是闭合的，从筹集资金到对外、对内投资和经营投入，再到货币资金形态，其中一部分留存在公司内部，参与到下一轮的资金运动中。

从客观角度看，货币资金的运动对企业来说是有利的，因为资金只有通过不断的运动才能实现增值，从而使企业有发展壮大的可能。

对企业总经理来说，除了要了解资金运动方向，还需时刻牢记本公司的财务管理目标。在 1.1.1 节内容中我们已经知道了企业的财务管理目标主要有3种：利润最大化、股东财富最大化和企业价值最大化。那么，这3种财务管理目标究竟是怎样定义的？它们之间有什么区别呢？

1. 利润最大化

利润最大化是指通过经营管理使企业获取最大的利润。在该财务管理目标下，以利润代表企业新创造的财富，利润越多，说明企业的财富增加得越多，越接近企业的经营目标。但是，该目标存在明显的缺点。

- 利润最大化中的“利润”概念模糊，使企业财务管理目标不够精准。
- 在该财务管理目标下，没有考虑利润的获取时间，不符合货币时间价值的财务管理原则。
- 一味地追求利润，没有考虑获取利润时公司可能承担的风险，没有严格遵守财务管理原则中的风险收益权衡原则，也没有考虑获取一定的利润需要投入的资本额，不能真正衡量企业经营业绩的优劣，无法精准地确定企业在同行业中是否存在竞争优势。

2. 股东财富最大化

股东财富最大化是指通过财务上的合理经营，为股东创造最多财富。该财务管理目标下会考虑资金的时间价值和相关的经营风险，可以在一定程度上避免公司一味地追求高利润的弊端，但是，它也存在一定的不足。

- 该财务管理目标只适用于上市公司，非上市公司不适用，所以在适用范围上存在限制，不具有代表性。
- 该财务管理目标的结果评判需要借助股票价格，而股票价格受市场中多种因素影响，可控性很弱，会使该目标不具有稳定性。
- 该财务管理目标更注重股东的权益，与财务管理中的主体假设不一致，财务管理中的主体应是在财务上具有独立性的单位组织。并且，强调股东权益的同时忽略了其他相关者的利益，对企业长远发展不利。

3. 企业价值最大化

企业价值最大化是指采用最优的财务结构，充分考虑资金的时间价值和风险报酬关系，使企业价值达到最大。

由此可见，企业价值最大化目标弥补了利润最大化目标存在的不足，同时还考虑了企业利益相关者和其他各方对企业财务管理目标的影响，是比前两种财务管理目标更科学的目标。但这一财务管理目标在操作上有一些问题和限制。

- 在价值计量方面有困难，不同理财主体之间的现金流在混合折现后不具有可比性，也没有共同折现的可操作性。
- 企业价值最大化是多个具体财务管理目标的综合反映，而这些具体的目标的评价标准是不同的，财务管理人员无法具体实施。

1.2 财报是企业无声的语言，总经理要会看

财务报告是反映企业财务状况和经营成果的书面文件，是公司总经理及管理层了解公司大概情况的直接资料，因此总经理要能看懂财务报告。

1.2.1 主要的财务报表

财务报表是财务报告的组成部分，另外还包括财务报表附注和财务情况说明书。财务报告更多的内容是文字说明性的内容，首先来看看财务报告中的 4 张主要财务报表。

◆ 资产负债表

资产负债表也叫财务状况表，即公司在一定日期（通常为各个会计期末）的财务状况。该表利用会计平衡原则，将合乎会计原则的资产、负债和所有者权益等科目分为“资产”和“负债及所有者权益”两大块。因为资产负债表是对特定日期的静态企业情况的具体描述，所以该表是一张静态表。

◆ 所有者权益变动表

所有者权益变动表反映了公司本期（年度或中期）内和截至期末所有者权益的变动情况，2007 年以前该表以资产负债表附表的形式予以体现，新准则颁布后该表成为与资产负债表、利润表和现金流量表并列披露的第 4 张财务报表。

在所有者权益变动表中，公司应单独列示反映的信息，包括所有者权益总量的增减变动、所有者权益增减变动的重要结构性信息以及直接计入所有者权益的利得与损失。

◆ 利润表

利润表反映企业在一定会计期间的经营成果，被称为动态报表，有时也称为损益表或收益表。当前国际上常用的利润表格式有多步式和单步式两种，多步式是将各种利润分多步计算，求得净利润；单步式是将当期收入总额相加，然后将所有费用总额相加，一次性计算出当期收益的方式。

◆ 现金流量表

现金流量表反映公司在固定期间（每月或每季度）内现金（包括银行存款）的增减变动情形，并根据用途划分为经营、投资和融资 3 个活动分类。下面来看看各财务报表的模板及其逻辑，分别如图 1–2、图 1–3、图 1–4、图 1–5 和图 1–6 所示。

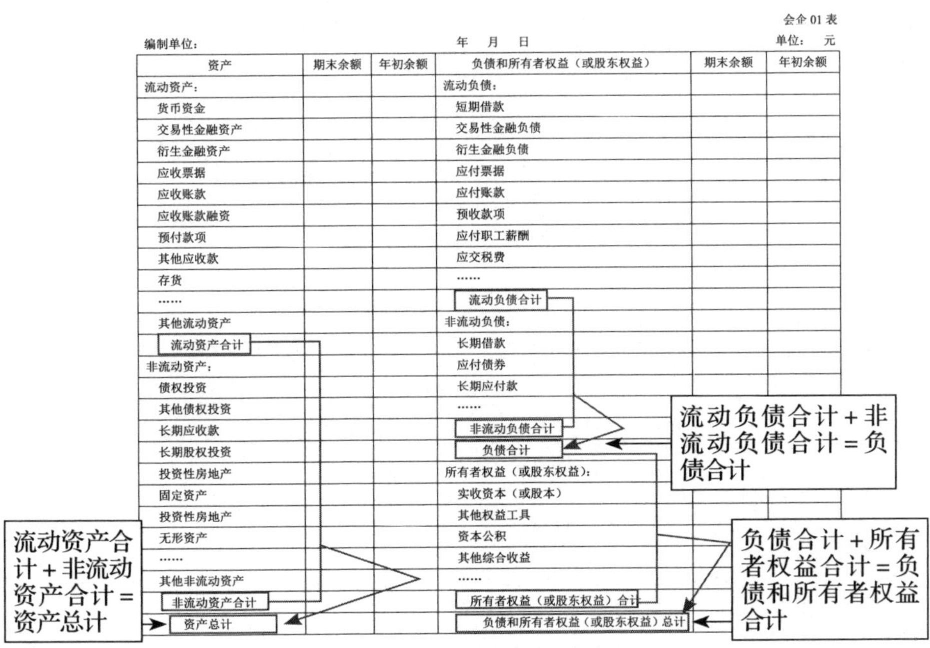

资产负债表

会企 01 表

编制单位：　　　　年　月　日　　　　单位：　元

资产	期末余额	年初余额	负债和所有者权益（或股东权益）	期末余额	年初余额
流动资产：			流动负债：		
货币资金			短期借款		
交易性金融资产			交易性金融负债		
衍生金融资产			衍生金融负债		
应收票据			应付票据		
应收账款			应付账款		
应收账款融资			预收款项		
预付款项			应付职工薪酬		
其他应收款			应交税费		
存货			……		
……			流动负债合计		
其他流动资产			非流动负债：		
流动资产合计			长期借款		
非流动资产：			应付债券		
债权投资			长期应付款		
其他债权投资			……		
长期应收款			非流动负债合计		
长期股权投资			负债合计		
投资性房地产			所有者权益（或股东权益）：		
固定资产			实收资本（或股本）		
投资性房地产			其他权益工具		
无形资产			资本公积		
……			其他综合收益		
其他非流动资产			……		
非流动资产合计			所有者权益（或股东权益）合计		
资产总计			负债和所有者权益（或股东权益）总计		

图 1-2　资产负债表（账户式样表）

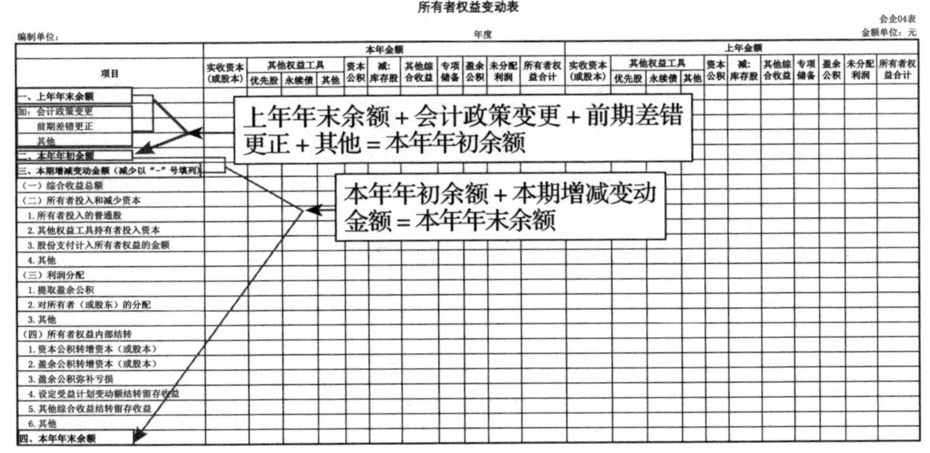

所有者权益变动表

会企04表

编制单位：　　　　年度　　　　金额单位：元

项目	本年金额											上年金额										
	实收资本（或股本）	其他权益工具			资本公积	减：库存股	其他综合收益	专项储备	盈余公积	未分配利润	所有者权益合计	实收资本（或股本）	其他权益工具			资本公积	减：库存股	其他综合收益	专项储备	盈余公积	未分配利润	所有者权益合计
		优先股	永续债	其他									优先股	永续债	其他							
一、上年年末余额																						
加：会计政策变更																						
前期差错更正																						
其他																						
二、本年年初余额																						
三、本期增减变动金额（减少以"-"号填列）																						
（一）综合收益总额																						
（二）所有者投入和减少资本																						
1. 所有者投入的普通股																						
2. 其他权益工具持有者投入资本																						
3. 股份支付计入所有者权益的金额																						
4. 其他																						
（三）利润分配																						
1. 提取盈余公积																						
2. 对所有者（或股东）的分配																						
3. 其他																						
（四）所有者权益内部结转																						
1. 资本公积转增资本（或股本）																						
2. 盈余公积转增资本（或股本）																						
3. 盈余公积弥补亏损																						
4. 设定受益计划变动额结转留存收益																						
5. 其他综合收益结转留存收益																						
6. 其他																						
四、本年年末余额																						

图 1-3　所有者权益变动表（样表）

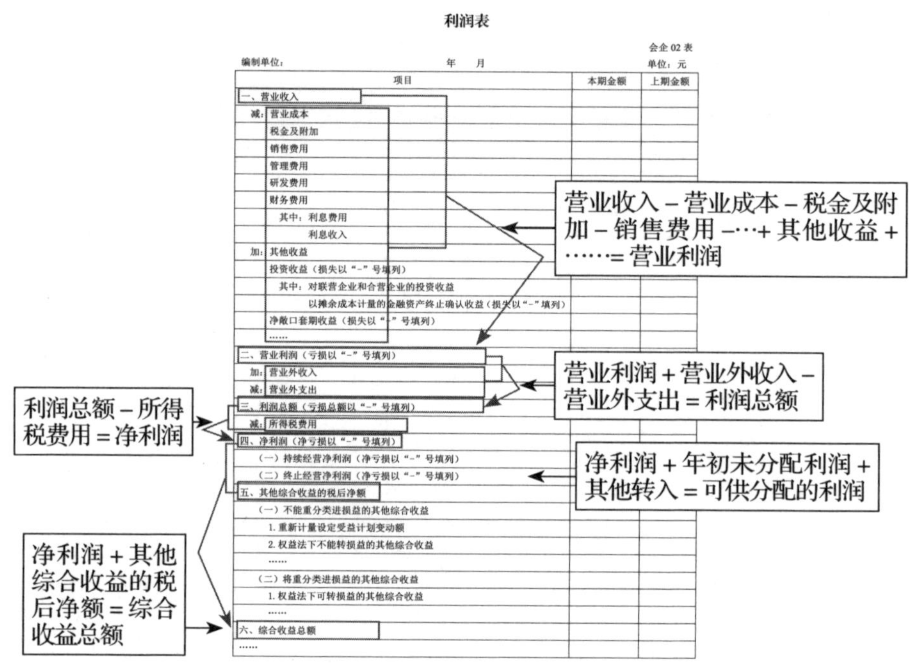

利润表

会企 02 表

编制单位：　　　　年　　月　　　　单位：元

项目	本期金额	上期金额
一、营业收入		
减：营业成本		
税金及附加		
销售费用		
管理费用		
研发费用		
财务费用		
其中：利息费用		
利息收入		
加：其他收益		
投资收益（损失以“-”号填列）		
其中：对联营企业和合营企业的投资收益		
以摊余成本计量的金融资产终止确认收益（损失以“-”填列）		
净敞口套期收益（损失以“-”号填列）		
……		
二、营业利润（亏损以“-”号填列）		
加：营业外收入		
减：营业外支出		
三、利润总额（亏损总额以“-”号填列）		
减：所得税费用		
四、净利润（净亏损以“-”号填列）		
（一）持续经营净利润（净亏损以“-”号填列）		
（二）终止经营净利润（净亏损以“-”号填列）		
五、其他综合收益的税后净额		
（一）不能重分类进损益的其他综合收益		
1. 重新计量设定受益计划变动额		
2. 权益法下不能转损益的其他综合收益		
……		
（二）将重分类进损益的其他综合收益		
1. 权益法下可转损益的其他综合收益		
……		
六、综合收益总额		
……		

图 1-4　利润表（多步式样表）

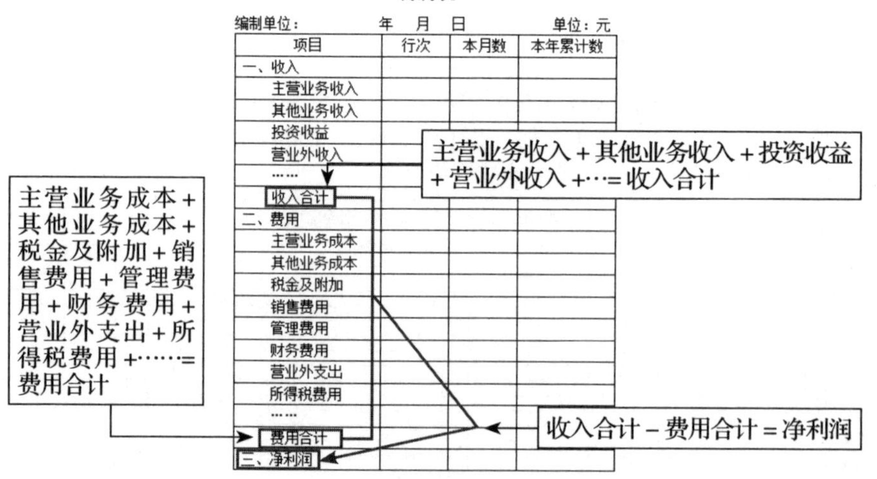

利润表

编制单位：　　　年　　月　　日　　　　单位：元

项目	行次	本月数	本年累计数
一、收入			
主营业务收入			
其他业务收入			
投资收益			
营业外收入			
……			
收入合计			
二、费用			
主营业务成本			
其他业务成本			
税金及附加			
销售费用			
管理费用			
财务费用			
营业外支出			
所得税费用			
……			
费用合计			
三、净利润			

图 1-5　利润表（单步式样表）

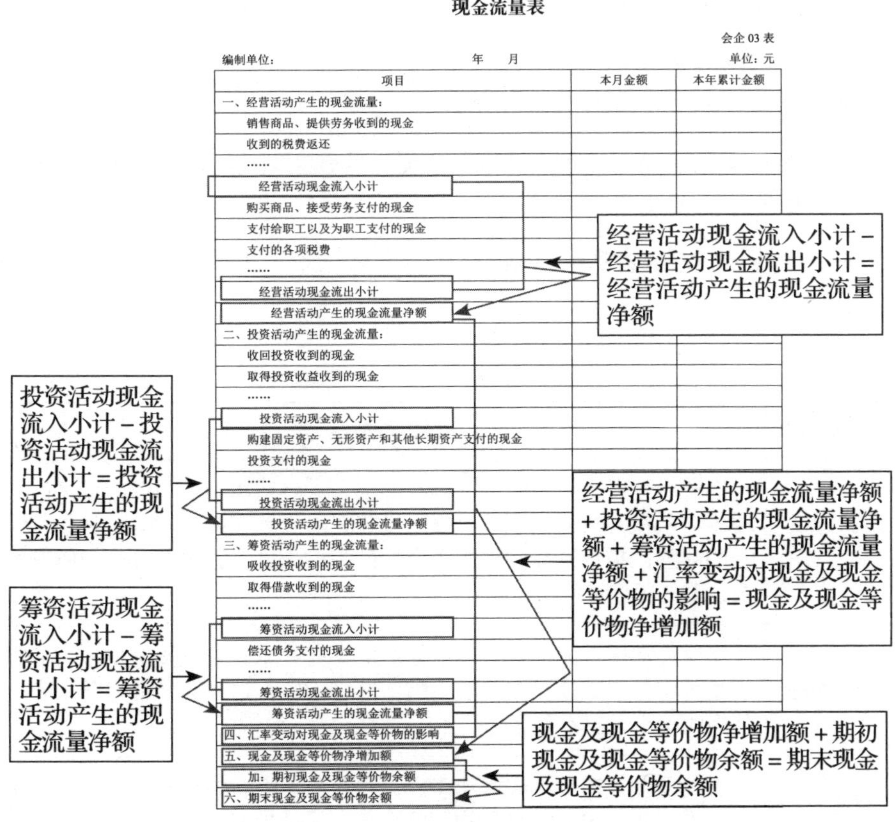

现金流量表

会企 03 表

编制单位：　　　　　　年　　月　　　　　　单位：元

项目	本月金额	本年累计金额
一、经营活动产生的现金流量：		
销售商品、提供劳务收到的现金		
收到的税费返还		
……		
经营活动现金流入小计		
购买商品、接受劳务支付的现金		
支付给职工以及为职工支付的现金		
支付的各项税费		
……		
经营活动现金流出小计		
经营活动产生的现金流量净额		
二、投资活动产生的现金流量：		
收回投资收到的现金		
取得投资收益收到的现金		
……		
投资活动现金流入小计		
购建固定资产、无形资产和其他长期资产支付的现金		
投资支付的现金		
……		
投资活动现金流出小计		
投资活动产生的现金流量净额		
三、筹资活动产生的现金流量：		
吸收投资收到的现金		
取得借款收到的现金		
……		
筹资活动现金流入小计		
偿还债务支付的现金		
……		
筹资活动现金流出小计		
筹资活动产生的现金流量净额		
四、汇率变动对现金及现金等价物的影响		
五、现金及现金等价物净增加额		
加：期初现金及现金等价物余额		
六、期末现金及现金等价物余额		

图 1-6　现金流量表（样表）

1.2.2 什么是财务报表附注

财务报表附注是报表制作者对资产负债表、利润表和现金流量表的有关内容和项目所作的说明和解释。虽然是报表附注，但其内容也非常重要，主要包括如下内容。

- 公司采用的主要会计处理方法。
- 会计处理方法的变更情况、变更原因以及这些变更对财务状况和经营业绩的影响。

- 发生的非经常性项目。
- 一些重要报表项目的明显情况。
- 或有事项、资产负债表日后事项及其他对理解和分析财务报表有重要作用的信息。

财务报表附注的编制形式灵活多样，常见形式有5种，具体介绍如表1-2所示。

表1-2

编制形式	具体经济活动
尾注说明	这是财务报表附注的主要编制形式，一般适用于说明内容较多的项目，可以在一页的最下端，针对当前页中需要解释说明的项目进行统一的解释；也可以在文档内容全部结束的末尾，针对该文档中所有需要说明的项目进行统一解释
括号说明	此形式常用于为财务报表主体提供补充信息，它直接出现在财务报表主体中。但是这种方式要求附注内容较短，这样列示在财务报表主体中的附注说明不会显得很冗长
备抵账户与附加账户	通过设立备抵账户或附加账户，并在财务报表中单独列示，以此来达到附注的效果，主要是指坏账准备、累计折旧、累计摊销和固定资产减值准备等账户的设置
脚注说明	在每张报表的下端进行解释说明，比如在资产负债表的下端说明已贴现的商业承兑汇票和已包括在固定资产原价内的融资租入固定资产的原价等情况
补充说明	有些无法列入财务报表主体中的详细数据和分析资料，可用单独的补充报表说明，即××表附表

在前面的内容中，我们已经知道了所有者权益变动表实际上就是资产负债表的附表，那么利润表附表与现金流量表附表主要说明哪些内容呢？如图1-7所示的是利润表附表（即利润分配表）。

利润分配表

编制单位：　　　　　　年　月　日　　　　　　单位：元

项目	金额	备注
一、净利润		
加：年初未分配利润		
一般风险准备转入		
其他转入		
二、可供分配的利润		
减：提取一般风险准备		
提取法定盈余公积		
提取任意盈余公积		
提取职工福利及奖金基金		
提取储备基金		
提取企业发展基金		
利润转作投资		
补充流动资本		
三、可供投资者分配的利润		
减：应付优先股股利		
应付普通股股利		
转作资（股）本的普通股股利		
四、未分配利润		

图 1-7　利润表附表（样表）

如图 1-8 所示的是现金流量表附表。要注意，现金流量表附表通常以补充资料的形式紧跟在现金流量表主体之后列示，很少单独编成一张报表。

现金流量表（附表）

年　月　日　　　　企××表

编制单位：　　　　单位：元

补充资料	本期发生额	上期发生额
1.将净利润调节为经营活动的现金流量		
净利润		
加：计提的资产减值准备		
固定资产折旧		
无形资产和长期待摊费用摊销		
处置固定资产、无形资产和其他长期资产的损失（减：收益）		
固定资产报废损失（收益以"-"号填列）		
公允价值变动损失（收益以"-"号填列）		
财务费用（收益以"-"号填列）		
投资损失（收益以"-"号填列）		
递延所得税资产减少（增加以"-"号填列）		
递延所得税负债增加（减少以"-"号填列）		
存货的减少（增加以"-"号填列）		
经营性应收项目的减少（增加以"-"号填列）		
经营性应付项目的增加（减少以"-"号填列）		
其他		
2.经营活动产生的现金流量净额		
不涉及现金收支的重大投资和筹资活动		
债务转为资本		
一年内到期的可转换公司债券		
融资租入固定资产		
……		
3.现金及现金等价物净变动情况		
现金的期末余额		
减：现金的期初余额		
加：现金等价物的期末余额		
减：现金等价物的期初余额		
现金及现金等价物的净增加额		

图 1-8　现金流量表附表（样表）

除了这些财务报表附表之外，财务报表附注还可能会包括文字描述性内容。如图 1–9 所示的是某公司的财务报表附注的部分内容。

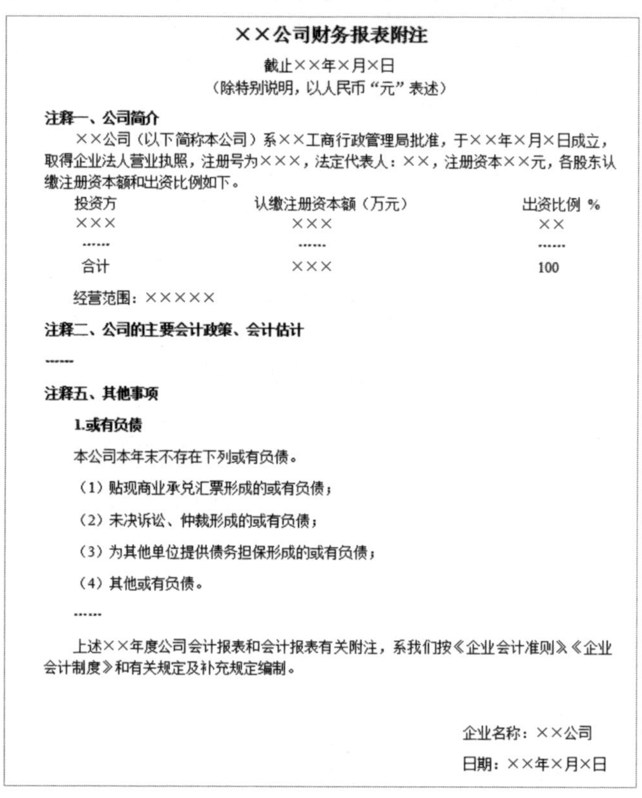

××公司财务报表附注

截止××年×月×日

（除特别说明，以人民币“元”表述）

注释一、公司简介

××公司（以下简称本公司）系××工商行政管理局批准，于××年×月×日成立，取得企业法人营业执照，注册号为×××，法定代表人：××，注册资本××元，各股东认缴注册资本额和出资比例如下。

投资方	认缴注册资本额（万元）	出资比例 %
×××	×××	××
……	……	……
合计	×××	100

经营范围：×××××

注释二、公司的主要会计政策、会计估计

……

注释五、其他事项

1.或有负债

本公司本年末不存在下列或有负债。

（1）贴现商业承兑汇票形成的或有负债；

（2）未决诉讼、仲裁形成的或有负债；

（3）为其他单位提供债务担保形成的或有负债；

（4）其他或有负债。

……

上述××年度公司会计报表和会计报表有关附注，系我们按《企业会计准则》《企业会计制度》和有关规定及补充规定编制。

企业名称：××公司

日期：××年×月×日

图 1-9　财务报表附注（部分）

1.2.3 财务情况说明书包含的内容

财务情况说明书是公司对一定时期（通常为一年）财务、成本等情况进行分析、总结所作的书面文字说明，是财务报表的补充，是根据有关财务报表和财务资料，通过调查研究后编写的。其主要内容有财务、成本计划的执行情况及存在的问题，固定资金、流动资金的使用情况及增减变化的原因，企业改善经营管理、提高经济效益等方面的具体措施等。图 1–10

是某公司的财务情况说明书样表。

财务情况说明书

一、企业基本情况

××公司（以下简称本公司）成立于××年×月×日，由××省工商局行政管理局颁发注册号为×××企业法人营业执照。住所：×××；法定代表人姓名：×××；注册资本：×××；实收资本：×××；公司类型：×××；经营范围：×××（以营业执照为准）。

公司现有员工××人，其中大专以上人员××人，占公司总人数的×%；技术人员××人，占公司总人数的×%。

××年×月×日，公司经××科学技术委员会认定为××企业，并取得了颁发的××企业认定证书，证书编号：×××。

据本公司××年度财务报表反映，公司资产总额××元，负债总额××元，所有者权益××元。××年度营业收入××元，利润总额××元。

二、企业生产经营基本情况

1.主要产品（服务）的生产及销售情况

产品类别	当年产量	上年产量	变化趋势	当年销售额	上年销售额	变化趋势

2.企业的经营环境是否发生变化，如有变化，对生产经营有何影响。

……

三、利润实现及分配情况

1.利润实现情况

项目	本年数	上年数	增长率	本年数/营业收入
主营业务收入				
……				

若上述表格中增长率的变动幅度超过 30%，需说明导致变动发生的原因。

2.利润分配情况

项目	本年数	上年数	增长率
利润总额			
净利润			
上交所得税			
提取盈余公积			
……			

若上述表格中增长率的变动幅度超过 30%，需说明导致变动发生的原因。

四、资金增减和周转情况

1.流动比率

本年度流动比率=流动资产÷流动负债，为××。

2.现金比率

本年度现金比率=（货币资金+交易性金融资产）÷流动负债

……

五、有重大影响的其他事项（下述情况是否存在）

1.会计政策的变动。

……

××公司

××年×月×日

图 1-10 财务情况说明书（样表）

由此可见，我们经常提到的财务报表中的指标分析内容可在财务报表说明书中列示。

1.2.4 3 个步骤教你如何看报表

由于财务报表包含的数据信息既丰富又复杂，所以总经理可以从如下

3 个步骤入手，有效地阅读财务报表。

◆ 步骤 1：看四大报表中的“总额”栏，了解公司总体情况

总经理通过查看资产负债表的相关总额数据，可以了解公司的资产规模、负债规模和净资产（所有者权益）规模；通过查看利润表的相关总额数据，可以了解公司的营业收入、营业成本和营利情况；通过查看现金流量表的相关总额数据，可以了解公司的现金流入和流出情况，同时查看是否还有多余现金。

◆ 步骤 2：留意四大报表中的异常项目或数据

总经理在对公司的总体情况有了概括性的认识后，就需要进一步细看报表中的项目和数据。对于异常的地方要特别留意，比如其他应收款数据过大、坏账准备数据大以及现金流入流出的数据过小等，然后结合财务分析做深入了解。

◆ 步骤 3：综合分析四大报表中的财务指标

对报表的财务指标进行分析，不仅可以对公司进行全面地诊断，还能对在第 2 个步骤中发现的问题做出进一步分析。另外，通过与同行业公司比较，还能发现公司存在的问题，为公司未来的政策调整提供依据。

1.2.5 总经理要了解如何判断财务报告重大错报

重大错报风险是指公司出具的财务报告中存在重大错报的可能性。为了规避这种风险，公司总经理应该如何判断财务报告是否有重大错报呢？主要是将财务报表的整体重要性水平与错报金额进行比较，看是否超过重要性水平，若超过了，则说明该次错报金额属于重大错报。

重大错报风险由战略风险、经营流程风险、控制风险和会计风险组成。战略风险通常只影响报表的编制以及报表数据的结果；而经营流程、控制

风险和会计风险会影响企业具体交易或账户的认定层次。下面就从财务报表入手，看看如何评估重大错报风险。

1. 资产负债表

企业总经理可根据流动比率、速动比率、资产负债率、流动资产占比、固定资产占比、净资产占比、应收账款周转率、资产负债表中各项目占总资产的比例以及各项目的增长率等重要财务数据，进行结果测算和分析。

将测算出的上述重要财务指标的数据与本企业最近几年的相关数据结果进行比较，同时与同行业的平均指标结果进行比较，得出财务指标的结果变动趋势，并分析变动的原因。通常，如果企业各项指标高于或低于平均指标的一定范围，且没有合理理由的，则存在重大错报风险的概率较高；以此类推，高于或低于平均指标的其他范围，就将重大错报风险的概率评估为其他等级。

2. 利润及利润分配表

总经理可根据毛利率、利润表中各项费用与主营业收入之间的比率以及其他业务收入、营业外收入、投资收益等与主营业务之间的比重关系等指标，还有近几年同类指标的变动率等，进行结果测算和分析。

将测算的上述重要财务指标数据与本企业最近几年的相关数据结果进行比较，同时与同行业的平均指标结果进行比较，得出这些指标的具体变动趋势，并分析变动原因。判断存在重大错报风险的概率，概率高的，就将风险划分为高级，以此类推，划分为其他等级。

3. 现金流量表

现金流量表与资产负债表和利润表之间存在一定的钩稽关系，因此重大错报风险也会有连带效应。现金流量表是否存在重大错报风险，需要总经理在评估时结合资产负债表和利润表的重大错报风险等级做评估。

实例分析 **从业务本身分析重大错报的发生与否**

H公司是一家大型生产冰柜和冰箱的制造企业，从2016年以来，公司历年的财务报表均由当地的某家会计师事务所审计。

2019年3月，负责审计的会计师事务所完成了H公司2018年度的财务报表审计业务后，向公司提交了标准无保留意见的审计报告，同时与公司签订了2019年度的财务报表审计业务约定书。约定书中制订的审计人员依然是执行H公司2018年度财务报表审计工作的注册会计师蒋某和徐某。

在2019年度的审计业务中，蒋某和徐某在评估H公司的经营环境和重大错报风险时，发现公司当年发生了一些需要引起重视的情况。

1. 2019年初，公司建立了完善的计算机信息系统，并在各个仓管部门的各个仓库安装了办公电脑，仓库之间的管理数据实现了联网共享，目的是提高企业的存货管理水平。

2. 2019年初，公司销售部门聘任了一名新的经理。董事会和股东大会直接为公司当年的销售业绩提出了明确的目标，同时还规定，如果销售部门当年达不到该目标，就会扣罚全体管理人员的奖金。顶着巨大的压力，新任销售经理也只能向董事会和股东会承诺当年的销售收入一定会比上一年度增加30%。可直到当年11月底，公司的业绩指标仍然与承诺的指标相差甚远，为了尽可能地吸引客户下单付款，销售部在公司管理层的同意下制订了极具诱惑力的优惠条件，吸引新老客户在12月底之前签订销售合同并预付一定的货款，同时还要同意公司在次年才发货。

3. 2019年4月，公司财务部实施了定期轮岗，很多财务人员的工作内容发生了变化。同时，公司还建立了专门的审计小组，在财务部门轮岗后的半年内加大了财务工作的审查力度。目的是要提高会计工作的质量和效率，同时预防财务工作中出现重大差错。

4. 2019年9月，经公司董事会同意决定在贵州和云南等地设立分公司，投入2 000.00万元人民币。2019年底，这些分公司正式开始运营。

对于 2019 年度发生的这些情况，如何分析重大错报风险呢?

1. 公司建立的计算机信息系统只在仓管部门使用，没有与企业财务部门的工作建立直接联系，因此不存在明显的重大错报风险。

2. 公司董事会和股东会直接干预销售活动，且要求过于强硬，一旦销售部倾其所能也无法达到要求时，就很可能在销售数据上作假，从而使财务报表存在重大错报的风险升高。

3. 财务部轮岗制度可在一定程度上预防财会人员作出舞弊行为，进而降低财务报表数据发生重大错报的风险。

4. 公司在拓展市场时开设分公司，前期业绩可能不太好，此时财报是否存在重大错报的风险，要看公司领导注重什么，若注重公司的长远发展，则会要求财务部给出最真实的财报数据，此时重大错报风险较低；若注重公司当前的营业绩效，则可能会促使财会人员出具表面好看但内里掺杂假信息的错误报表，重大错报风险较高。

1.3 学会财务分析方法才能做好管理与决策

财务知识和技能就像总经理的第 3 只眼睛，能帮助他通过相关的财务分析方法清晰地了解企业目前经营活动中存在的问题和风险。

1.3.1 透过负债规模看资本结构

总经理通过阅读资产负债表可以了解公司的规模、资产分布情况以及所欠的内外债。如何透过负债规模看资本结构呢?

负债是公司的现时义务，按流动性进行分类，分为流动负债和非流动负债。总经理可以了解公司流动资产和流动负债的相对比例，便于直观地了解公司的短期偿债能力，从而向债权人揭示其债权的相对安全程度。

对企业来说，自身的资本来源有两个，一是债权人资本，二是权益资本。而资本结构是指公司债权人资本（包括流动负债和非流动负债）与股东权益的比例，通常用负债对总资产的比例关系来表达。要想资本结构合理，就得保证负债率不超过50%，并且流动负债和非流动负债的比例要适当。一般来说，反映资本结构且与负债相关的指标有如下所示的 4 个。

- 资产负债率 = 负债总额 ÷ 资产总额 ×100%，它反映总资产中有多大比例是通过借债得来的。
- 资本负债比率 = 负债总额 ÷ 股东权益期末数 ×100%，它比资产负债率更能准确揭示公司的偿债能力，因为公司只能通过增加资本的途径来降低负债率。资本负债比率以 200% 为警戒线，若超过，应引起格外关注。
- 长期负债比率 = 长期负债 ÷ 资产总额 ×100%，长期负债不会增加公司的短期偿债压力，但它也属于资本结构性问题，在经济衰退时会给公司带来额外的风险。
- 有息负债比率 =（短期借款 + 一年内到期的长期负债 + 长期负债 + 应付债券 + 长期应付款）÷ 股东权益期末数 ×100%，该指标利用财务费用来减少利润，所以公司应在降低负债率方面重点减少有息负债，而不是无息负债。国际公认的有息负债对资本的比率为 100%，是资本安全警戒线。

实例分析

利用各种负债比率来看公司的资本结构

如表 1–3 所示的是某药业公司的资本结构特征。

表 1-3

××药业公司近 3 年的资本结构特征　　单位：%

年份	资产负债率	资本负债比率	长期负债比率	有息负债比率
2017 年	48	84	14	42
2018 年	49	95	7	46
2019 年	49	95	6	47

由表中的数据可以看出，该药业公司 2017 ~ 2019 年的资本负债比率都在 200% 以内，未超过警戒线。而有息负债比率也均小于 100%，但却在逐年增大，说明有息负债在增多，这一现象也说明企业在控制负债率方面做得还不够好，资本结构不合理。

另外，长期负债比率在逐年下降，说明长期负债相对于总资产来说在减少，由于长期负债不会影响短期偿债能力，所以公司可维持 2017 年的 14% 的长期负债比率，转而降低有息负债比率，比如可以减少短期借款和长期债券等的数额，进而调整资本结构。

1.3.2 从可运用资金看财务风险

公司在经营过程中会面临两大类风险，一是经营风险，二是财务风险。经营风险一般是由公司产品成本过高、市场占有率低、管理效率低下和发展战略错误等原因造成的，可通过加强内部管理、开拓市场及加强新项目的可行性论证来避免。而财务风险是公司不能偿还到期债务的风险，当公司到期不能偿还债务时，债权人可向法院申请债务人破产清算，以清偿债务。

所以，应对财务风险就要保证公司有足够的现金，加强公司的短期偿债能力。总经理可以从如下 3 个比率入手，了解公司的财务风险。

- 流动比率 = 流动资产 ÷ 流动负债 ×100%，一般来说，流动比率越高，企业偿还短期债务的能力越强。但流动资产过多也会影响资产的使用效率。综合考虑后，流动比率也不是越高越好，国际公认的合理的最低流动比率为 200%。

- 速动比率 =（流动资产 - 存货）÷ 流动负债 ×100%，其中，（流动负债 - 存货）表示速动资产。流动资产中存货的变现能力差，容易发生损坏，当存货积压或成本与市价之间存在较大差距时，就无法实现盈利。所以，国际公认的合理的速动比率为 100%。但大量使用现金销售的商店几乎没有应收账款，远远低于 100% 的速动比率也是正常的。
- 现金比率 =（现金 + 现金等价物）÷ 流动负债 ×100%，现金比率越高，说明公司的短期偿债能力越强，反之，说明公司的短期偿债能力越弱，还存在一定的风险。一般认为，现金比率在 20% 以上较好。

实例分析

从变现能力看财务风险

变现能力即短期偿债能力，它能反映可运用资金与财务风险之间的关系。如表 1-4 所示的是某钢铁公司资产负债表的部分内容。

表 1-4

××钢铁公司近 3 年的资产负债表（部分） 单位：元

会计科目	2017 年 12 月 31 日	2018 年 12 月 31 日	2019 年 12 月 31 日
流动资产	974 775.00	387 975.00	455 580.00
其中：存货	90 262.50	72 642.00	62 752.50
资产总计	1 166 008.50	757 719.00	844 713.00
流动负债	731 154.00	243 622.50	241 959.00
负债合计	733 491.00	245 817.00	251 992.50
所有者权益合计	432 517.50	511 902.00	592 720.50

根据上述表格中的数据，可以计算出该公司 2017 ～ 2019 年的流动比率和速动比率，如表 1-5 所示。

表 1-5

比率	流动比率	速动比率
2017 年 12 月 31 日	974 775.00÷731 154.00 ×100% ≈ 133%	（974 775.00−902 62.50）÷731 154.00 ×100%=121%
2018 年 12 月 31 日	387 975.00÷243 622.50 ×100% ≈ 159%	（387 975.00−72 642.00）÷243 622.50 ×100%=129%
2019 年 12 月 31 日	455 580.00÷241 959.00 ×100% ≈ 188%	（455 580.00−62 752.50）÷241 959.00 ×100%=162%

（注：本表计算结果保留到整数）

从表 1–5 中的计算结果可以看出，该公司近 3 年的流动比率都低于 200%，说明公司的可运用资金较少，短期偿债能力较弱，但比率在逐年增加，说明财务风险在逐年降低。

近 3 年该公司的速动比率均在 100% 以上，且呈现逐渐增大的趋势，说明公司的存货相对于流动资产来说在不断减少，因而可运用资金在增加，财务风险在逐年降低。

1.3.3 透析利润看真正的营利能力

很多人认为，只要公司的收入大于支出，那就算是有了利润。但事实上并非如此，先来看一个例子。

实例分析

分析盈利能力时，只看收益的数量还不行

袁某大学毕业后没有找到合适的工作，于是决定自己创业。她把自己的想法跟家里人说了说，还向父母借了一笔资金，开始了自己的创业之路。刚开始的时候，创业之路非常坎坷，但随着自己对行业的了解不断加深，再加上几个朋友的大力支持，她的公司渐渐有了起色。

两年后，袁某的公司业绩收入达到了前所未有的高度。她满怀兴奋地把这件好事告诉父母，言语间透露着无法掩饰的骄傲之情，还念叨自己的父母当初不支持自己创业，可现在自己做出了成绩。这时候，袁某的父亲说了一句非常现实的话："虽然你的公司现在看起来营利了，但如果扣去你从家里拿的一笔钱、购买车辆以及公司员工的工资费用，你真正的利润可能并没有多少，甚至还处于亏损状态。"

袁某想了想父亲说的话，觉得很有道理，于是拿出了两年来公司的各种财务报表，进行了详细的比较和分析。这一看，果真和父亲猜测的一样，其实公司这两年来并没有挣多少钱。

上述案例中，袁某之所以感到骄傲，是因为她只看到了收益的数量，但没有看到利润的本质。除去各项成本，两年来她算是白忙活了。因此，进行财务管理，不能只看收益的数量，还要综合分析收益的质量，即利润的本质，从而判断公司的真正营利能力，以便做出更合理的决策，保持公司利润的稳步增长。那么，总经理在分析公司的真正营利能力时，该从哪些方面入手呢？具体可参考如下几点内容。

◆ 收益的稳定性

作为公司的总经理，预测公司的未来收益是必不可少的工作内容。在预测时，总经理一定要重视公司往期收益数据的收集，看收益是否稳定。如果收益稳定，说明公司经营过程中的营利能力比较稳定。

◆ 营利的持续性

利润是公司最重要的收入来源，具有重复性和经常性，是公司自我补给的保障。总经理在分析公司真正的营利能力时，要对比当期和往期的利润表，从而了解公司历年的净利润，得出净利润增长率。具体计算公式如下。

净利润增长率 =（净利润增长额 ÷ 上期净利润总额）×100%

净利润增长率反映公司利润的变化趋势，同时也反映公司收益增长的稳定性和持续性。该比率越大，说明公司的主营业务营利能力越大，核心竞争力越强，未来收益就越具有良好的预期。

◆ 利润的变现能力

利润和净利润都是账面收益，不能代表实物现金，不能反映公司在一定时期内现金的流入流出情况，缺乏可验证性，容易受到管理层的操纵。所以实际经营过程中总经理要看利润的变现能力，这样才能准确地知道公司真正的营利能力。分析利润变现能力时可利用净利润现金含量这一指标，其计算公式如下所示。

净利润现金含量 = 现金净流量 ÷ 净利润

该比值越高，说明公司的资金回笼能力较强，净利润这一账面收益可以很好地转化为客观的现金，也是公司真正营利能力的表现。

1.3.4 从企业营运能力看资产管理水平

营运能力指公司的经营运行能力，也是公司运用各项资产以赚取利润的能力。总经理在分析公司的营运能力时，可利用的财务分析指标有存货周转率、应收账款周转率、营业周期、流动资产周转率、固定资产周转率和总资产周转率等。那么，总经理要如何利用营运能力看公司的资产管理水平呢？相关内容如表 1–6 所示。

表 1–6

管理水平	相关计算公式	分析
存货管理水平	存货周转率 = 销售成本 ÷ 存货平均余额 存货平均余额 =（期初存货余额 + 期末存货余额）÷2	存货周转率越高，说明周转速度越快，流动性越强，转换为现金或应收账款的速度越快，不容易造成存货积压，存货的管理水平较高；反之，存货的管理水平低
应收账款管理水平	应收账款周转率=赊销收入净额 ÷ 应收账款平均余额 应收账款平均余额 =（期初应收账款余额 + 期末应收账款余额）÷2	应收账款周转率越高，说明应收账款的收账期越短，收回的速度越快，对应收账款的管理水平越高

续上表

管理水平	相关计算公式	分析
存货和应收账款的管理水平	营业周期 = 存货周转天数 + 应收账款周转天数 存货周转天数 =360÷ 存货周转率 应收账款周转天数 =360÷ 应收账款周转率	一般情况下，营业周期越短，说明公司的资金周转速度越快，存货和应收账款的综合管理水平较高；反之，存货和应收账款的综合管理水平较低
流动资产管理水平	流动资产周转率 = 销售收入 ÷ 流动资产平均余额 流动资产平均余额 =（期初流动资产余额 + 期末流动资产余额）÷2	流动资产周转率越高，说明公司流动资产的利用率越高，所以管理水平越高；反之，管理水平低
固定资产管理水平	固定资产周转率 = 销售收入 ÷ 固定资产平均净值 固定资产平均净值 =（期初固定资产净值 + 期末固定资产净值）÷2	固定资产周转率越高，说明公司固定资产的利用率越高，所以管理水平越高；反之，管理水平低
总资产管理水平	总资产周转率 = 销售收入 ÷ 资产总额平均数 资产总额平均数 =（期初资产总额 + 期末资产总额）÷2	总资产周转率越高，说明公司利用其资产进行经营的效率较好，管理水平较高；反之，管理水平较低

实例分析

分析公司的营运能力，看资产管理水平

深圳的某地产公司近年来业绩都非常不错，为了评估公司的资产管理水平，总经理拿到财务报表后，总结出了近 4 年的关键数据，如表 1–7 所示。

表 1–7

科目	2016 年年末	2017 年年末	2018 年年末	2019 年年末
存货（万元）	10 416 500.00	12 758 000.00	16 556 500.00	15 886 000.00
应收账款（万元）	75 500.00	94 000.00	153 500.00	94 500.00
流动资产（万元）	14 132 000.00	13 138 500.00	22 102 000.00	23 240 000.00
固定资产（万元）	79 500.00	80 500.00	106 000.00	115 000.00

续上表

科目	2016 年年末	2017 年年末	2018 年年末	2019 年年末
资产总额（万元）	14 810 000.00	18 940 000.00	23 960 000.00	25 420 000.00
营业收入（万元）	3 589 000.00	5 155 500.00	6 770 500.00	7 319 000.00
营业成本（万元）	2 161 000.00	3 271 000.00	4 639 500.00	5 127 500.00

假设该公司的营业收入全部都是赊销收入净额，则相关计算结果如下。

2017 年存货周转率 =3 271 000.00 ÷ [（10 416 500.00+12 758 000.00）÷ 2]=0.28

2018 年存货周转率 =4 639 500.00 ÷ [（12 758 000.00+16 556 500.00）÷ 2]=0.32

2019 年存货周转率 =5 127 500.00 ÷ [（16 556 500.00+15 886 000.00）÷ 2]=0.32

2017 年应收账款周转率 =5 155 500.00 ÷ [（75 500.00+94 000.00）÷ 2]=60.83

2018 年应收账款周转率 =6 770 500.00 ÷ [（94 000.00+153 500.00）÷ 2]=54.71

2019 年应收账款周转率 =7 319 000.00 ÷ [（153 500.00+94 500.00）÷ 2]=59.02

2017 年流动资产周转率 =5 155 500.00 ÷ [（14 132 000.00+13 138 500.00）÷ 2]=0.38

2018 年流动资产周转率 =6 770 500.00 ÷ [（13 138 500.00+22 102 000.00）÷ 2]=0.38

2019 年流动资产周转率 =7 319 000.00 ÷ [（22 102 000.00+23 240 000.00）÷ 2]=0.32

2017 年固定资产周转率 =5 155 500.00 ÷ [（79 500.00+80 500.00）÷ 2]=64.44

2018 年固定资产周转率 =6 770 500.00 ÷ [(80 500.00+106 000.00)÷ 2]=72.61

2019 年固定资产周转率 =7 319 000.00 ÷ [(106 000.00+115 000.00)÷ 2]=66.24

2017 年总资产周转率 =5 155 500.00 ÷ [(14 810 000.00+18 940 000.00)÷ 2]=0.31

2018 年总资产周转率 =6 770 500.00 ÷ [(18 940 000.00+23 960 000.00)÷ 2]=0.32

2019 年总资产周转率 =7 319 000.00 ÷ [(23 960 000.00+25 420 000.00)÷ 2]=0.30

为了帮助理解，这里需要说明一下，周转率实际上就是周转次数。由上述计算结果可知，该公司的存货周转率在不断增大，说明企业的存货周转速度在变快，管理水平在提高。但要注意，公司的存货周转率均小于 1，说明一年之内完成不了一次存货周转，这是一个非常严峻的问题，表明公司的存货特别容易积压。所以总经理和其他管理者要立即行动起来，解决存货容易积压的问题，提高存货周转率。

应收账款周转率 2018 年比 2017 年低，但 2019 年比 2018 年高，周转率不稳定，说明公司的应收账款管理水平还不高。但就每年的周转率来看，公司的应收账款周转速度很快，各年份之间稍有波动也属正常。

流动资产周转率在下降，说明公司利用流动资产获取收益的能力在减弱，也就是流动资产的利用率在降低。

固定资产周转率 2018 年比 2017 年高，但 2019 年比 2018 年低，说明公司的固定资产利用率不稳定。但就每年的周转率来看，公司的固定资产周转速度很快，收入占固定资产的比例较高，固定资产管理水平较高。

总资产周转率 2018 年比 2017 年高，但 2019 年比 2018 年低，说明公司的总资产利用率也不稳定，但各年之间相差不大，说明波动较小，公司的总资产管理水平还算不错。

很多公司总经理在实际的财务管理工作中，需要分析的财务指标不仅限于这些，还要综合分析其他财务指标，从而得出准确的结论，做出正确的经营决策。

1.3.5 上市公司的财务分析指标

上市公司的财务分析工作中，总经理除了要关注前面我们讲解的一些财务指标，还需要特别关注如下指标。

◆ 每股收益

每股收益是衡量上市公司营利能力最重要的财务指标，反映了普通股的获利水平。计算公式如下。

每股收益 =（净利润 − 优先股股利）÷ 发行在外的普通股平均股数

每股收益多，分红不一定多，还要看公司的股利分配政策。

◆ 股利支付率

股利支付率指净收益中股利所占的比重，反映公司的股利分配政策和支付股利的能力。计算公式如下。

股利支付率 = 每股股利 ÷ 每股收益

股票持有人的收益来源有取得股利和取得股价上涨的收益这两种。所以，在预期股价不能上涨时，股利就成为衡量股票投资价值的主要依据。

◆ 市盈率

市盈率可用来估计股票的投资报酬和风险，反映了投资者对每 1 元净利润所愿意支付的价格。计算公式如下。

市盈率 = 每股市价 ÷ 每股收益

由此看出，市盈率是普通股每股市价相对于每股收益的倍数。在每股收益确定时，市价越高，市盈率越高，同时风险越大；反之，市盈率越低，风险越小。高市盈率说明公司能够获得社会的信赖，具有良好的发展前景，一般是股市中受追捧的股票。注意，市盈率不能用于不同行业公司的比较。

◆ 每股净资产

每股净资产也称为每股账面价值，理论上反映股票的最低价值。当股价低于每股净资产时，说明公司已无存在价值，清算是最好的选择。计算公式如下。

每股净资产 = 所有者权益总额 ÷ 发行在外的普通股股数

总经理
财务管理实操手册

2

学内部控制和财务管理，做好全局掌控

总经理学会看财务报表是一项最基本的工作技能，而要想更有效地管理公司，还需要和管理者学习内部控制和财务管理，不断地完善财务制度，做好财务人员岗位设置，严格监督财会人员的工作状态和进度。这样，公司的财务工作才有明确的标准，才能为财务风险建立第一层“保护膜”。

内部控制的具体内容和执行方法
企业内部控制工作中总经理的职责
内部控制要做好各层级的职责分工
要严格管理原始凭证
监督好企业的对账和结账工作
规范财务人员的考核制度
……

2.1 总经理做好内部控制，才能治理好公司

公司董事会（或由公司章程规定的经理和厂长办公会等类似的决策、治理机构）、管理层和全体员工共同实施的，旨在保证合理地实现公司基本目标的一系列控制活动，就是内部控制。它是治理公司的保障。

2.1.1 内部控制的具体内容和执行方法

作为总经理，要协助管理层对公司实施内部控制，首先要了解内部控制的具体内容和执行方法。下面来看看内部控制的具体内容，如表2-1所示。

表 2-1

工作内容	具体描述
改善内部环境	内部环境是影响和制约公司内部控制制度建立与执行的各种内部因素的总称，是实施内部控制的基础。要明确公司的治理结构、合理设置组织机构、合理分配权责、形成独特的企业文化以及制订合适的人力资源政策、内部审计机制和反舞弊机制等，以此来改善公司的内部环境
进行风险评估	及时识别和科学地分析影响公司战略和经营管理目标实现的各种不确定因素，同时进行风险识别、风险分析和风险应对
制订控制措施	根据风险评估结果，结合风险应对策略，采取一些确保公司内部控制目标得以实现的方法，比如在职责分工、授权、审核批准制度、预算制度、财产保护、内部报告制度、绩效考核制度和信息技术系统等方面加强控制力度
保证信息沟通	建立信息收集机制和信息沟通机制，保证及时、准确且完整地收集与公司经营管理相关的各种信息，并使这些信息以适当的方式在公司有关层级之间及时传递、有效沟通和正确运用
实施监督检查	对建立并执行内部控制制度的整体情况进行持续性监督检查，对内部控制的某一方面或某些方面进行专项监督检查，最后形成并提交相应的检查报告和有针对性的改进措施

了解了内部控制的具体内容后，接下来总经理需要了解内部控制的执行方法，也就是“制订控制措施”工作的具体内容，具体如表 2-2 所示。

表 2-2

执行方法	具体工作内容
职责分工控制	根据公司目标和职能任务，按照科学、精简和高效的原则，合理设置职能部门和工作岗位，明确各部门和各岗位的职责权限，形成各司其职、各负其责、便于考核和相互制约的工作机制
授权控制	根据职责分工，明确各部门和各岗位办理经济业务与事项的权限范围、审批程序和相应责任
审核批准控制	各部门和各岗位按照规定的授权和程序，对相关经济业务和事项的真实性、合规性、合理性及有关资料的完整性进行复核与审查，签署意见并签字或盖章，做出批准、不予批准或其他处理决定
预算控制	明确预算项目，建立预算标准，规范预算的编制、审定、下达和执行程序，及时分析和控制预算差异，采取改进措施
财产保护控制	限制未经授权的人员对财产进行直接接触和处置，采取财产记录、实物保管、定期盘点、账实核对和财产保险等措施，确保财产的安全与完整
会计系统控制	根据我国《会计法》《企业会计准则》和国家统一的会计制度，制定适合本公司的会计制度，明确会计凭证、会计账簿、财务报告及相关信息披露的处理程序，规范会计政策的选用标准和审批程序，建立并完善会计档案保管和会计工作交接的办法。对此，公司可实行会计人员岗位责任制，充分发挥会计的监督职能
内部报告控制	明确相关信息的收集、分析、报告和处理程序，及时提供业务活动中的重要信息，尽可能建立和完善内部报告制度，增强内部管理的时效性和针对性。内部报告方式有例行报告、实时报告、专题报告和综合报告等
经济活动分析控制	综合运用生产、购销、投资和财务等方面的信息，利用因素分析、对比分析和趋势分析等方法，定期对公司经营管理活动进行分析，发现问题，查找原因，提出改进意见和应对措施
绩效考核控制	科学设置业绩考核指标体系，比如，对照预算指标、盈利水平、投资回报率和安全生产目标等业绩指标，考核并评价各部门和员工当期业绩，兑现奖惩，强化对各部门和员工的激励与约束

续上表

执行方法	具体工作内容
信息技术控制	结合公司实际情况和计算机信息技术应用程序，建立与本公司经营管理业务相适应的信息化控制流程，减少和消除人为操纵因素，同时加强对计算机信息系统的开发和维护、访问与变更、数据输入与输出、文件储存与保管以及网络安全等方面的控制
与财务报告相关的内部控制	通过其他控制措施来完善内部控制制度，进而对财务报告的可靠性和对外披露的财务报告的编制起到保证和约束作用，达到对与财务报告相关的事务的内控管理目的

2.1.2 企业内部控制工作中总经理的职责

作为公司的总经理，在实际的内部控制工作中究竟应该做些什么呢？具体工作包括但不限于如下内容。

- 负责推进公司建立与完善内控管理体系，建立对应的内控制度，编写本公司内部控制手册。
- 检查公司内部控制缺陷，同时进行分类整理。
- 根据内控管理体系的要求，对公司的风险管理体系进行评估，出具全面风险管理评估报告、内控建设报告和自我评价报告等。
- 督促对内部控制的改进和完善，引导内控评审、业务行为自检自纠等机制的建立，落实监控管理平台的运作模式，保障公司的业务运作安全。
- 负责各部门协调岗人员的日常协调沟通和管理，提出合规咨询服务。
- 组织内控合规培训，提高员工内控合规风险意识，推动内控合规文化的建立。
- 根据内控发展趋势和公司的实际需求，开发先进的内控方法，提升内控工作的效率和效果。

实例分析

内部控制没做好，员工舞弊给公司带来巨大损失

原广东省某总公司财务结算中心主任助理吴某被当地中级人民法院审理查明：2002 年 5 月至 2004 年 9 月期间，吴某担任该总公司财务结算中心主任助理、会计，负责业务结算复核、结算凭证的计算机录入、计息和资金成本的核算等工作，两年时间里利用职务之便，先后作案 49 次，贪污公司钱财超过 843.00 万元。

然而，在被审查的过程中，很多工作人员非常诧异，为什么吴某多次贪污公司资金，且数额如此巨大，却从来没有被发现过，甚至在 2004 年 10 月因其生活作风问题被公司劝退时都没有人发现他的贪污行为。直到 2005 年 1 月，总公司对其下属公司进行年终现金流量核算时才发现公司的资金有问题，足足有 800 多万元“不翼而飞”，于是公司领导立即报案。

由此可见，总公司的财务结算中心的工作没有做好，公司内部的控制管理出现严重问题，使得吴某能如此肆无忌惮地盗取公司的资金。

立案后，吴某发现自己无法逃脱法律的审判，于是将自己的作案细节供认不讳。原来，吴某平时喜欢赌球，但在赌球的过程中输了很多钱，欠了很多债，最后庄家找上门要求还钱。而吴某没有办法，只能利用职务之便在诸多现金收款单上偷偷加盖了总公司结算中心的公章，同时还采用各种手段骗取出纳杜某的私章来加盖到现金收款单上，从而自行持收款单到总公司的下属公司领取现金。而下属公司看到收款单上的印章没有问题，且自己与吴某又是好友，于是没有过多考虑其中是否存在问题，就将现款支付给了吴某。

可能是做贼心虚，吴某又销毁了自己伪造的收款单，想要掩盖自己的罪行，同时还利用财务专业知识，轻松地在公司的财务报表上做了手脚，使账目看上去没有任何问题，即使总公司与下属公司在每月对账时也难以发现其中的猫腻。就这样，吴某以相同的手段持续不断地侵吞公司的财产。

在该真实案例中，吴某侵吞公司财产的手法并不高超，且手段没有变化，按理说，这样的财务舞弊行为很容易被发现，但为什么公司却迟迟没有查出问题呢？这不禁让人怀疑公司的内部控制工作出现了较大的问题，其实，从案例的一些细节中也能看出来。

首先，吴某可以轻松地在收款单上加盖总公司财务结算中心的公章和出纳员的私章，说明公司对印章和凭证的管理不够严格，使吴某能轻松获取印章和传递凭证。其中，可能是职责分工、授权以及审核批准等方面的内部控制工作没有做好。

其次，吴某担任的职位已经有明确的职权了，只负责复核业务的结算情况、录入结算凭证的数据以及核算利息与资金成本，显然不包括收款，但下属公司的出纳人员没有意识到这一点，也就没有发现吴某拿着收款单支取现金的不合理。这充分说明了公司会计系统的控制工作没有做好。

最后，在总公司和下属公司每月的对账工作中竟然也没有发现吴某的财务舞弊行为，其实只要认真审核，与相关责任人进行对质，很容易就会揭穿吴某的不法行径。由此可推测，公司内部控制中的监督检查工作没有做好，尤其是对账工作，可能存在很大的漏洞。

通过对该案例的了解和分析，总经理应该能深刻体会到公司内部控制工作的重要性。要在内部控制工作中起到领导作用，协助公司切实做到不相容职务的分离，严格规范授权制度和财务制度，监督财会人员保管好印章和重要凭证；要完善公司的对账机制，总账和明细账都不能忽视。

2.1.3 风险管理是内部控制的主要内容

公司的风险管理和内部控制之间的联系是十分密切的。内部控制的实质是风险控制，风险管理是内部控制的主要内容，而公司风险管理包含了内部控制，两者之间存在着相互依存、不可分离的内在联系。

风险管理与内部控制在具体内容上有重合，比如控制环境、风险评估、控制措施、信息与沟通以及监督检查这 5 项。而风险管理在这 5 项的基础上，还增加了目标设定、时间识别和风险反应，连控制环境也改为内部环境。

实例分析

风险意识淡薄，风险管理工作

某航油公司在 2019 年下半年开始交易石油期权，初期试水，只涉及 200 多万桶的石油，但也在交易中获得了一些收益。然而好景不长，2018 年第一季度时市场油价猛涨，致使公司发生了潜在亏损接近 600.00 万美元，于是公司决定将交割合同延期，希望等到油价回跌、交易量增加。然而，2019 年第二季度时油价依然在不断升高，没有任何下降的征兆，此时公司账面亏损额达到了 3 000.00 万美元。公司又决定将交割合同延期至 2020 年和 2021 年。

谁能想到，2019 年 10 月，市场油价再创新高，同时该航油公司的石油交易盘口达到了 5 200 万桶，使得公司的账面亏损不断增加。当月 10 日，公司面对无法解决的严重资金周转问题，才首次向母公司呈报了交易详情和账面亏损情况。报告中阐明，公司为了补加交易商追加的保证金，已经耗尽了大概 2 600.00 万美元的营运资本、1.20 亿美元的银行贷款以及接近 7 000.00 万元的应收账款，账面亏损已然接近 2.00 亿美元。不仅如此，报告中还提到公司支付了 8 000.00 万美元的额外保证金，这无疑加剧了公司的账面亏损情况。

2018 年 10 月 20 日，母公司提前配售了 15% 的股票，由此获得的 1.08 亿美元以贷款的方式给了航油公司。当月 26 日和 28 日，航油公司因无法补加一些合同的保证金而遭受逼仓，发生了 1.32 亿美元的实际损失。当年 11 月 8 日至 25 日，公司的衍生商品合同也遭受逼仓，实际亏损接近 3.81 亿美元；12 月 1 日，公司亏损达到 5.50 亿美元，不得不向当地人民法院申请破产保护令。

期权交易存在巨大的风险，交易中，期权卖方的收益一般是确定的，且最高收益仅限于向买方收取的期权费，但同时承担的损失却可能很大。而该案例中的航油公司自身没有建立完善的风险防范机制，在遇到巨大的金融投资风险甚至是危机时，无法及时规避风险，只能任由风险不断扩大，直至被逼仓。也可能公司建立了专业的风控机制，只不过机制没有启动，使得交易风险没有得到及时、有效的控制。

由此可见，风险管理对于一个公司来说，其重要性不言而喻。那么，风险管理要求总经理和管理层做些什么呢？

- **识别风险**：协助并督促风险管理部门采用合适的方法对生产经营过程进行全面分析，找出各个环节可能遭遇的风险。
- **预测风险**：协助风险管理人员对掌握的统计资料、风险信息和风险性质进行系统分析和研究，确定各项风险的发生概率和强度，为选择适当的风险处理方法提供依据。
- **处理风险**：总经理或管理层在协助风险管理人员处理风险时，主要有避免风险、预防风险、自保风险和转移风险这 4 种方法。避免风险是消极躲避风险，如避免航空事故可改用陆路运输，因为此方法可能带来其他风险，所以不提倡采用；预防风险是采取措施消除或减少风险发生的因素；自保风险即正面承担风险；转移风险是在风险发生时，通过一定方法将其转移出去。

2.2 深知内部控制的缺陷，做出相应的防范措施

在公司经营过程中，总经理不仅需要懂内部控制的具体内容和执行办法，还应了解公司内部控制的缺陷，这样才能做出相应的防范措施，从而真正做好内部控制。

2.2.1 如何判断公司的内部控制存在缺陷

如果内部控制能为实现公司目标提供合理保证，则控制就是有效的，否则内部控制可能就有缺陷。因此，判断和识别内部控制是否存在缺陷是评价内部控制是否有效的关键问题。

实务中，总经理可以看内部控制是否存在问题或漏洞，也可以看公司实现目标的过程中内部控制是否对提供合理保证形成阻碍，这些都是判断内部控制是否存在缺陷的标准，其中是否形成阻碍更重要。也就是说，如果内部控制存在问题或漏洞，但它没有阻碍公司目标的实现，这时公司就没有必要对内部控制缺陷进行反映，此时只能说明内部控制在发挥作用，不过存在局限性。由此可见，在判断内部控制是否真正存在缺陷时，要严格区分什么是内控缺陷，什么是内控局限性，如图 2–1 所示。

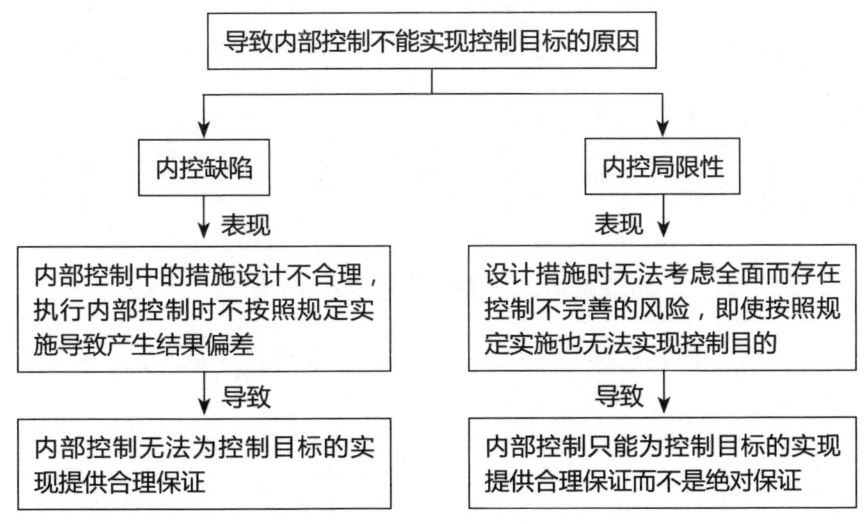

图 2-1　内控缺陷与内控局限性

在实际判断过程中，区分内控缺陷和内控局限性确实比较困难，而且也没有明确的文件或规定来给两者划出一道明显的界限。所以，内部控制是否存在缺陷一般由公司根据自身情况来确定，如果确实是因为设计内部控制的过程中无法预见的各种可能导致控制目标无法实现，则只认定为内控局限性；如果判断控制目标无法实现的原因是可以预见到的，则要将该原因认定为内部控制缺陷。

2.2.2 内部控制要做好各层级的职责分工

内部控制工作中最容易出现的问题是岗位分工不明确、执行工作时越俎代庖。因此，总经理要做好内部控制，就要为员工划分清楚职责。首先要明确公司的组织结构，如图 2-2 所示的是比较简单的组织结构。

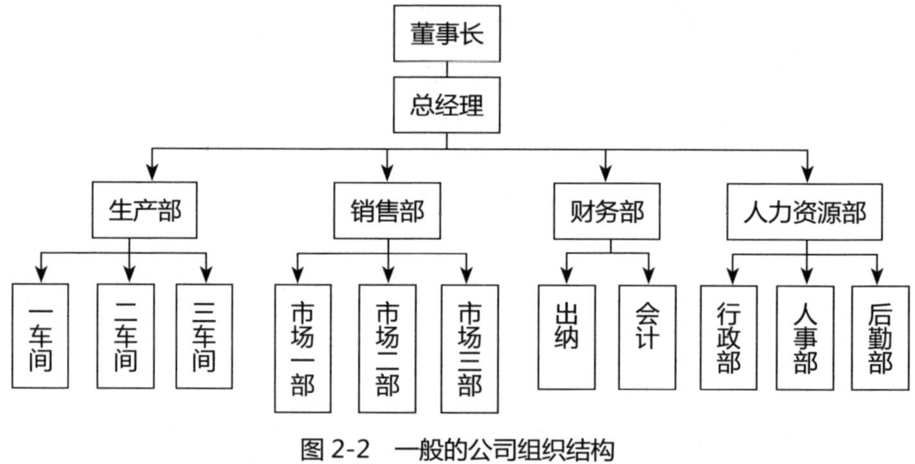

图 2-2　一般的公司组织结构

上图中所示的各层级在公司经营管理过程中的职责如表 2-3 所示。

表 2-3

层级	职责分工
董事长	是公司的最高领导者和管理者。主持股东大会和召集、主持董事会会议；召集和主持公司管理委员会议，组织讨论和决定公司的发展规划、经营方针、年度计划和日常经营工作中的重大事项；检查董事会决议的实施情况并向董事会提出报告；提名公司总经理和其他高层管理人员的聘用，决定报酬、待遇和解聘，并报董事会批准和备案；审查总经理提出的各项发展计划和执行结果；以及处理其他由董事会授权的重大事项等

续上表

层级	职责分工
总经理	总经理所在的层级会因为公司规模的不同而有所不同，有些公司的总经理是最高领导人和管理者，但有些公司的总经理就是董事长层级下的领导人。总经理向董事会负责，全面组织实施董事会的有关决议和规定，完成董事会下达的各项指标，并将实施情况向董事会汇报；负责宣传、贯彻执行国家和行业有关法律、法规、方针和政策；主持公司的日常经营管理工作，组织实施公司年度经营计划和投资方案；负责召集和主持总经理办公会议，协调、检查和督促各部门的工作；根据市场变化不断调整公司经营方向；负责倡导公司的文化和经营理念；签署日常行政、业务文件；负责公司信息管理系统的建立和信息资源的配置以及处理董事会下达的其他临时性工作
生产部、销售部、财务部、人力资源部	1. 生产部主要负责公司的产品生产，并制订生产计划和改进措施计划。 2. 销售部主要负责公司的产品销售和总体的营销活动，决定公司的营销策略和措施，并对营销工作进行评估和监控。 3. 财务部主要负责公司的财务管理工作，包括起草公司年度经营计划，组织编制公司年度财务预算，执行、监督、检查和总结经营计划与预算的执行情况，同时提出调整建议，整合公司业务体系资源，进行会计核算和会计监督工作，保管公司会计档案、合同、有价证券和抵押法律凭证等资料，编写公司经营管理状况的财务分析报告，研究公司融资风险和资本结构，核算融资成本，提出融资计划和方案，以及总经理授权或交办的其他工作 4. 人力资源部负责制订并修改公司各项人力资源管理制度和管理办法；做好人力资源规划和人事档案管理等人员管理工作
各部门分组	1. 生产部的各车间对各自的生产产品负责，从领用原材料到开始生产，再到产品完工，整个过程中要控制好生产进度 2. 销售部的各市场部门对自己负责的地区进行管控并开展业务，做好客户的访问、沟通、统计和回访等工作 3. 财务部的出纳和会计分别负责公司的钱、账，严格划清出纳和会计的工作职责，做好钱财收支、账目登记与核对及会计资料的保管工作

2.2.3 总经理要让财务总监成为自己的帮手

财务总监是一个公司财务部门的最高领导人，当然，有的公司没有财务总监，而是设置的财务经理这一岗位。不同规模的公司，各部门的最高领导人的岗位名称会有不同。

财务部门掌握了公司的所有财务信息，可谓是公司这一机体中的重要部位。而总经理每天的工作很多，不可能事无巨细地将所有部门的工作都安排并管理好，所以总经理要懂得如何使部门经理或总监成为自己的帮手的方法，尤其是财务总监。很多需要总经理管控的财务工作都可以交给财务总监处理。这就要求总经理培养自己信得过的财务总监，具体该怎么做呢？如图 2–3 所示。

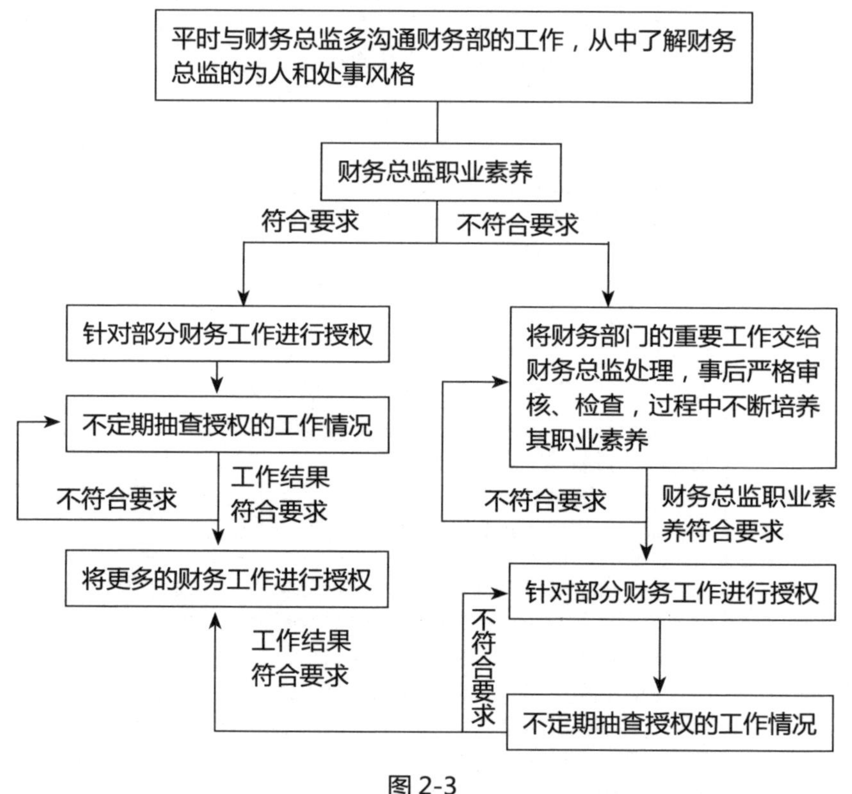

图 2-3

实例分析

前期培养信得过的财务人员，后期管理更方便

上海某化妆品公司最初由 3 个人合伙成立，主营化妆品销售业务。通过一年的努力，公司规模扩大到 15 人，业务范围也变大了。为了减轻大家的负担，公司决定聘请两名财会人员，负责钱、账的管理。

在聘请财会人员时，因为考虑到公司的长期发展，所以公司的 3 位创始人非常看重应聘者的人品和职业素养。最终选定了两名人品非常正直、职业素养很高的应聘者。

在之后的 5 年里，公司不断发展壮大，由最初单纯的销售公司发展为可以独自生产化妆品的生产性企业，人数将近 100 人。而在这过程中，公司的 3 位老总不断地与最初招聘的两名财会人员进行密切沟通和业务交流，财务制度不断完善。这两名财会人员也成为了公司财务部门的高级领导。

由于前期已和财务管理人员达成了良好的默契，所以 3 位领导在后期的经营过程中，就把很多财务工作授权给了这两名财会人员。不仅提高了自身的管理效率，也很好地实现了“放权”。

由案例可知，该公司在最初招聘财会人员时就做好了长远打算，要为公司找到值得信赖的财会人员，方便日后培养骨干员工。将合适的人选招入公司后，就要对其进行严格规范的要求，将其培养为总经理和管理者信得过的“账房先生”。这不仅可以消除总经理对财会人员的不信任感，同时也能提高公司的管理效率。

2.3 总经理做好财务细节管理，让公司运转有序

作为公司的领导人，总经理和其他管理者不仅要做好全局工作的掌控，还应重视财务工作的细节管理，这样才能从源头上降低财务风险，让公司不会因为资金问题而出现无法运转甚至无法继续经营的状况。

2.3.1 充分利用账外空间，提高财务管理能力

现在很多公司管理者已经切实意识到财务的重要性了，但在实际管理过程中往往无法掌握要领，甚至有这样的疑惑：自己对财务的各种账目都做了很全面的把控，为什么还是感觉手里没钱呢?

其实，公司的财会人员主要负责真实记录发生的经济业务和事项，以及相应的账目金额，如何丰富公司“腰包”这样的事情并不是他们的分内工作。这时就需要总经理和其他管理者想办法，提高财务管理能力，让公司赚更多的钱。一个非常重要的手段就是利用账外空间。

利用账外空间是指总经理在进行财务管理时，利用优惠政策、总分机构之间的合理配合以及经营产品的组合销售等，为公司降低经营成本，从而获得更多利润，有效提升公司的财务管理能力。下面来看一个例子。

实例分析

公司选择适当的企业组织形式投资设立公司

M 公司是一家中小型企业，为增值税一般纳税人，适用所得税税率为25%。2018 年拟投资设立回收期较长的公司，同样是增值税一般纳税人，适用所得税税率为 25%，预测该投资公司当年实现税前会计利润 100.00 万元。如果 M 公司当年实现税前会计利润 500.00 万元，现有两种方案可供选择：一是设立全资子公司；二是设立分公司（假设不存在纳税调整事项）。

1. 设立全资子公司情况下，总公司的所得税计算如下。

子公司缴纳的所得税 =100.00 × 25%=25.00（万元）

M 公司缴纳的所得税 =500.00 × 25%=125.00（万元）

总公司整体缴纳的所得税 =25.00+125.00=150.00（万元）

2. 设立分公司情况下，总公司的所得税计算如下。

总公司缴纳所得税 =（500.00+100.00）× 25%=150.00（万元）

此时拟投资设立的无论是全资子公司还是分公司，总公司整体应缴纳的所得税均为 150.00 万元，所以选择其中一种方案即可。如果拟投资设立的公司是小型微利企业，适合 20% 的企业所得税税率，且预测当年实现税前会计利润 20.00 万元，其他已知条件不变，则所得税的计算又会不同。

1. 设立全资子公司情况下，总公司的所得税计算如下。

子公司缴纳的所得税 =20.00×20%=4.00（万元）

M 公司缴纳的所得税 =500.00×25%=125.00（万元）

总公司整体缴纳的所得税 =4.00+125.00=129.00（万元）

2. 设立分公司情况下，总公司的所得税计算如下。

总公司缴纳所得税 =（20.00+500.00）×25%=130.00（万元）

此时拟投资设立的公司为全资子公司才能给总公司减少企业所得税，进而增加利润，才是提高财务管理能力的有效选择。

但是，如果拟投资设立的公司在当年预测实现的税前会计利润为负，比如亏损 100.00 万元，总公司缴纳的企业所得税又会因为拟投资设立公司的企业组织形式的不同而有所差异。

1. 设立全资子公司情况下，总公司的所得税计算如下。

子公司缴纳的所得税 =0.00× 适用税率 =0.00（万元），因为子公司当年经营亏损，所以不缴纳所得税，亏损的部分可结转以后年度进行弥补。

M 公司缴纳的所得税 =500.00×25%=125.00（万元）

总公司整体缴纳的所得税 =0.00+125.00=125.00（万元）

2. 设立分公司情况下，总公司的所得税计算如下。

总公司缴纳所得税 =（500.00−100.00）×25%=100.00（万元）

此时拟投资设立的公司为分公司才能给总公司减少企业所得税。

由该案例可知，总经理和管理者要充分利用投资活动空间，为公司谋求更低的经营成本，从而提高财务管理能力。

2.3.2 要严格管理原始凭证

原始凭证是在经济业务发生时取得或填制的，记录和证明了经济业务发生或完成情况，因此要对其进行严格的管理。在管理过程中，需要总经理及相关管理者做些什么呢？

- ◆ 制订、调整并完善原始凭证的管理办法。
- ◆ 定期或不定期抽查原始凭证的记录和保管工作。
- ◆ 对抽查不合格的原始凭证，要及时督促财会人员进行修改；对抽查出的有缺失或有损毁的原始凭证，要及时督促财会人员补录。
- ◆ 协助财务部管理人员委派专门的财会人员保管原始凭证，真正做到职责分工明确。
- ◆ 必要时，将财会人员可能会犯的错误及对应的惩罚制定成一种管理办法，同时将奖励积极反映内部舞弊行为的员工和处理有打击报复行为的员工等内容也加入管理办法，全方位控制原始凭证的管理工作。

如图 2–4 所示的是某公司的原始凭证管理办法的部分内容。

会计原始凭证管理办法

第一条　为规范公司会计原始凭证管理，保证会计核算原始记录的真实性、合法性和完整性，明确业务执行责任和会计监督管理责任，根据《中华人民共和国会计法》《中华人民共和国发票管理办法》和《会计基础工作规范》等有关法律法规的规定，制订本办法。

第二条　原始凭证的基本内容

（一）原始凭证名称

（二）填制凭证日期

（三）填制单位及有关人员签章

（四）接受凭证单位名称

（五）经济业务的基本内容、数量、单价和金额

第三条　特殊情况的原始凭证具体要求

……

第十一条　本办法由公司财务部负责解释。

第十二条　本办法自批准之日起实行。

图 2-4　原始凭证管理办法

总经理和管理者在制订原始凭证管理办法时，需要根据自身公司的具体情况而定，但一定要包括制订管理办法的背景、原始凭证的基本内容、特殊情况的原始凭证具体要求、原始凭证的填写要求、传递和粘贴要求、其他一些负责人应负责任的说明以及管理办法开始实行的说明。

2.3.3 监督好企业的对账和结账工作

在会计电算化环境下，财务公司的财务系统提供自动对账功能，即系统根据用户设置的对账条件进行逐笔检查，对达到对账标准的记录进行勾对，未勾对的即为未达账项。在实际对账工作中，要进行账证核对、账账核对、账实核对和账表核对。

但是，公司经营过程中还是会涉及人工对账工作，比如和供应商、客户之间的往来账核对，这些经济业务涉及的资金占公司现金流入、流出的绝大部分，所以总经理要高度重视，最好定期监督对账人员实施对账。

而结账是指计算并记录公司的本期发生额和期末余额，然后将余额结转下期或新的账簿。结账分为月结、季结和年结。由此可见，结账工作是很烦琐的，一不留神就可能出错，最终影响企业的应交税费和获得利润。下面来看一个具体的案例。

实例分析

总经理为主要负责人，带领财务部进行对账工作

四川的某家食品生产公司主营多种食品生产，2018 年 4 月中旬，公司总经理和其他几位高层管理人员向财务部下达了本月底将进行对账工作的通知，大致内容如下。

公司总经理李某为此次对账工作的总负责人，负责指挥盘点对账工作，督导盘点对账工作的进行和异常事项的裁决。财务主管杨某为主要负责人，负责此次盘点对账工作的实施。

公司将根据需要，指定曲某、尚某和金某担任复核人，负责监督盘点对账工作。由公司财务主管杨某指派专人担任盘点人，负责点计相关钱、物、账的数量。另外，公司将指派库管人员云某、何某和蒋某担任会点人，负责盘点和记录，与盘点人核对账目，确认数据；同时，由仓储部负责人指派协点人负责盘点时料品的搬运和整理工作。

所有参加盘点对账工作的人员，应充分了解本身工作职责和应注意的事项。各部门要做好盘点对账工作的准备，如财务部在盘对前要编排《盘点对账人员编组表》并呈公司总经理李某核定，核定后在盘点对账日前7天公布实施；保管部门和保管人员要将准备盘点的物品整理妥当。

盘点对账期间，除紧急情况外，暂停收发物品。盘点对账工作进行时，财务部应编制各类物品的汇总盘存表；盘点对账工作完毕后，财务部要根据相应的盘存表编制《盘点盈亏报告表》，填写差异缘由，说明情况，提出处理意见及对策，报总经理签核。

盘点对账工作人员要依据规定，尽职尽责做好盘点对账工作，表现优异者，经由主盘人签报，并经公司总经理批准，作为绩效考核依据。违反规定并阻碍盘点的，视情节轻重，由主盘人签报公司有关部门给予处理。

由案例可知，总经理在对账工作中主要起到统领和裁决的作用，是不可忽视的工作职责。如果没有总经理参与，则很多需要总经理批示的工作就无法顺利进行，对账工作也就不完整。结账工作也是一样，其组织安排的细节与对账工作相似，而总经理仍然是一个不能缺少的参与人员。

2.3.4 了解企业会计资料的保管期限

会计资料保管期满后可能需要销毁，但并不是所有会计资料都需要销毁。因此，总经理要了解清楚各种会计资料的保管期限，这样才能有效组织和监督会计资料的销毁工作。不同的会计资料保管期限如表 2-4 所示。

表 2-4

资料	会计档案名称	保管期限
会计凭证	原始凭证	30 年
	记账凭证	30 年
会计账簿	总账	30 年
	明细账	30 年
	日记账	30 年
	固定资产卡片	固定资产报废清理后保管 5 年
	其他辅助性账簿	30 年
财务会计报告	月度、季度和半年度财务会计报告	10 年
	年度财务会计报告	永久
其他会计资料	银行存款余额调节表	10 年
	银行对账单	10 年
	纳税申报表	10 年
	会计档案移交清册	30 年
	会计档案保管清册	永久
	会计档案销毁清册	永久
	会计档案鉴定意见书	永久

小贴士 *企业的中小股东有权查阅会计资料*

根据《公司法》相关规定，公司股东享有股东知情权，即了解和掌握公司经营管理等重要信息的权利。而股东行使知情权的主要途径有两种，查阅或复制会计资料。对于会计账簿，在公司章程未做明确约定的情况下，为保障公司商业机密和重要经营信息不被泄露，股东仅有权查阅而无权复制。所以，如果公司的中小股东被公司拒绝查阅会计账簿，可向法院起诉请求查阅。

2.4 严格管理财务人员，为公司建立财务屏障

公司财务目标能否实现，依赖于财务部门和财务人员。建立健全企业的财务制度和财务人员考核与激励制度，合理设计财务岗位，是发挥财务部门职能、有效激发财务人员工作积极性的重要保证。

2.4.1 合理设置财务岗位，让员工各司其职

公司根据自身规模的大小，可灵活设置财务岗位，而岗位责任制是设置和管理公司会计机构的主要方式。公司内部按照财会工作的内容和需要，将会计机构的工作划分为若干个岗位，配备相应会计人员。

1. 小公司财务岗位设置规范

对小公司而言，需要尽可能降低公司的管理成本，因此可以简化财务部门的岗位设置，但至少需要设置以下岗位。

- **出纳：**主要负责公司的资金存取业务。这一岗位的财会人员是不可或缺的。
- **会计：**主要负责做账、记账、编制财务报表和进行纳税申报等工作。有条件的，还可以设置主管会计。

当公司规模很小时，可以聘请外部专业的财务代理公司或代理记账公司帮助公司做一些会计工作。

2. 大中型公司财务岗位设置规范

对大中型公司而言，其有经济实力“养”一个比较大的财务部门，所以在设置财务岗位时更注重完整性。

大型公司一般把财务岗位分得很细，包括会计机构负责人（通常称为CFO（首席财务官、财务总监或财务经理）、会计主管、出纳、财产物资核算、资金核算、成本费用核算、工资核算、往来核算、财务成果核算、总账报表、稽核和档案管理等。这些岗位一般一人一岗，也可以一人多岗或一岗多人。

中型公司一般没有将财务岗位分得过细，主要包括财务经理、会计主管、出纳、资金核算组、成本费用核算组、综合报表组和审核分析组等。

无论是哪种规模的公司，在设置财务岗位时一定要严格分离不相容的岗位，比如出纳人员不得兼任会计、会计档案保管以及收入、费用和债权债务账目的登记工作。

小贴士 *财务人员的其他管理内容*

财务人员因故离职，必须将本人所经管的会计工作全部移交给接替人员，接替人员接管移交工作后继续办理移交的未了事项。交接完毕后，交接双方和监交人员要在移交清册上签名或盖章，并在移交清册上注明单位名称、交接日期、交接双方和监交人员的职务与姓名、移交清册页数和需要说明的问题和意见等。移交清册一式三份，交接双方各执一份，存档一份。移交人员对所移交的会计凭证、会计账簿、会计报表和其他有关资料的合法性、真实性承担法律责任。

2.4.2 规范财务人员的考核制度

为了提高财务人员的工作效率，公司需要定期对财务人员进行考核，考核时要结合专业胜任能力、职业道德和其工作绩效等方面进行。在考核前，需要制订相关的考核制度或办法，主要包括如表 2-5 所示的几大内容。

表 2-5

内容	详述
总则	列明考核的目的、用途和原则
考核内容	列明需要对财务人员进行考核的相关内容，如工作态度、工作内容和工作业绩等，若有详细的考核指标，要说明见附件 × 或附表 ×

续上表

内容	详述
考核方法	1. 列明考核实行的机制和等级，比如百分制或十分制，优秀、良好、合格、基本合格和不合格等等级。 2. 说明考核的时间，如日常考核、月度考核、季度考核或年度考核。 3. 对考核进行详细说明，如日常考核如何进行、年度考核如何进行等
考核结果	对考核结果制订相应的标准，以此计算绩效工资
附则	主要包括考核指标的变动或调整说明，以及考核办法的具体执行时间

不同的公司根据自身实际情况，自行设计考核题目来对财务人员进行评价。大型公司可通过人力资源评价机构等中介公司对公司内部财务人员进行考评。如图 2–5 所示的是某公司记账会计的考核表。

××年×月绩效考核表

部门：财务部　　岗位：记账会计　　被考核人姓名：××

考核项目	考核指标	权重	考核标准	评分标准	自评分
工作业绩 75%	核算管理	15%	1.严格执行会计制度，日常销售往来账核算，及时更新明细账，明细核算及类目准确，发现问题及时上报处理，数据准确无误，出错一次扣 2 分（10 分） 2.能否及时办理结算手续，进行应收款项的结算（5 分）	15	
	凭证管理	20%	凭证管理与维护，每月对原始凭证进行审核，编制记账凭证，凭证不全、损坏，出差错一次扣 1 分，每月底配合销售会计员对出纳进行盘点库存现金和银行存款，并制成盘存报表，3 人签字后报财务主管，少报一次扣 2 分（20 分）	20	
	税务缴纳	15%	1.及时有效完成税务账务处理，每月 15 日前办理完成公司纳税申报 2.加强和税务部门的联系与沟通，出错一次扣 5 分	15	
	销售往来	20%	1.负责各项运费结算，严格管理和及时记录销售业务的应收、预收款项，销售往来数据是否准确无误，出差错一次扣 2 分 2.次月 7 日前完成与销售内勤核对销售及费用明细，预期一次扣 2 分，并向公司管理层报送当月销售明细及客户往来余额表，未按时提报或出错扣 2 分 3.负责销售发票和销售发货通知单的开具，未按“先款后货”原则，单据信息不清楚或丢失，一次扣 2 分	20	
	档案管理	5%	每月一次更新维护会计档案：会计凭证、账册和报表等财务资料的收集、汇编和归档。档案未按要求完成或信息不全，一次扣 2 分	5	
工作能力 15%	执行力	10%	能准确理解上级的意思，有计划、有步骤地开展工作，对工作出现的问题能做出正确的判定与处理。出错一次扣 2 分	10	
	学习创新	5%	1.工作不热情、不积极主动，发现一次扣 1 分 2.勤于思考和学习，不断改善工作效率，创造性地解决工作问题，如果消极应付工作，发现一次扣 2 分	5	
工作态度 10%	团队协作	5%	具有高度的团队合作精神，顾全大局，主动合作，积极支持配合本部门及其他部门工作，部门投诉一次扣 2 分	5	
	责任心	5%	工作踏实，坚持原则，严格遵守公司各项规章制度，勇于承担责任，能够认真面对工作困难，设法解决和处理，严守财务保密工作。出错一次扣 1 分	5	
总分合计			100 分		
被考核人签字					
部门经理意见					
人事行政部意见					
董事办意见					

注：各部门负责人每月 15 日前完成对部门员工当月绩效做出评核交人事部。
部门负责人考核流程：自评→人事部→董事办评核。

图 2-5　记账会计考核表

2.4.3 制订出激励财务人员的方案和办法

公司对财务人员的激励最好建立在考核的基础上，让激励有理有据。中小型公司对于包括财务人员在内的所有员工的激励，主要有两种方式：一是物质激励；二是精神激励，具体激励内容如下。（有些大型公司或上市公司，还会对公司内部所有员工实施股权激励）。

- **物质激励**：增加薪酬、提高福利和发放奖金等。这种激励方式旨在加强财务人员及其他员工的低层次需求，如吃饭、穿衣等生活需求和应对突发事件的安全需求，使员工在公司有安全感。
- **精神激励**：对优秀财务人员或其他员工提供晋升的机会，满足他们的尊重需求和自我实现需求。

公司在制订激励财务人员和其他员工的方案或办法时，要想有效地激发员工的积极性，必须处理好 3 种关系：员工努力与绩效的关系、员工绩效与奖励的关系以及员工获得的奖励与满足个人需求的关系。下面来看一个具体的案例。

实例分析

针对财务人员制订激励方案，提高做账效率

湖南某玩具生产商是一家员工人数超过 100 人的生产性企业，由于市场对该生产商生产的玩具需求量增大，所以订单越积越多，财务部门的工作量也越来越大。

为了保证公司的财务管理工作能一直正常、有序地进行，同时提高财务人员的工作效率，公司领导决定对财务人员的激励方案进行调整。于是公司总经理与其他重要领导组织开会，讨论财务部人员的具体激励方案的制定。

会上，领导们认真分析了财务部工作的难点和重点，深入探讨了财务人员的各种物质需求和精神需求，最终制订出如图 2–6 所示的激励方案。

员工激励方案

为充分调动广大财务人员的工作积极性，发扬奉献精神，表扬先进，激励后进，特出此调整方案，以提高公司财务工作质量和管理水平。

一、荣誉激励

1.优秀员工奖

所有正式任用员工参与，每月评选一次，名额按部门总人数的20%评选，奖金××元。

2.优秀管理者奖

部门主管级以上管理人员参与，在每月第一次管理例会上，评选上月先进管理者，名额1名，奖金××元。

3.全勤奖

员工连续一年未请病、事假或迟到早退者，经审查后授予全勤奖。奖金××元。

二、目标激励

1.推行目标明确制，使公司任务指标层层落实，明确财务部门的任务目标，再落实到每个员工月度目标。

2.以周为单位做出工作计划，每周例会进行总结，对超额完成任务的员工给予表扬。员工充分感受到有压力又有奖赏，产生强烈的动力，努力完成任务。

三、竞争激励

使用公司内部竞争上岗制度，遵循的是"优胜劣汰"原则。符合条件的员工都可以参加，通过能力测试，层层选拔，对于想要竞争更高职位的内部员工而言，不仅能够激发潜能，还能够调动工作积极性，使他们变得更加优秀。

四、绩效薪金制激励

1.建立绩效考核体系，严格管理考核流程，实施公正的绩效考核，并把考核结果直接与员工工资收入挂钩。

2.根据年前6个月的个人绩效考核系数进行年终奖发放。

3.绩效考核具体内容见附表（工作考评表及员工绩效考核参考项目表）。

五、关心激励

对新的财务人员进行企业文化的培训和组织员工的娱乐活动，给员工以家的温暖。

1.设立公司年节福利。

2.每个月组织一次员工生日会，大家一起聚餐，并为当月过生日的员工送上礼物。

3.每个月财务部门的全部员工小聚一次或者共同学习、拓展活动，以加强沟通，相互勉励，共同为公司未来的发展出一份力。

六、关于实施激励的说明

财务部门所有员工是否获得上述激励，主要取决于员工的绩效考核成绩，但关心激励不与绩效考核挂钩。

图2-6　财务人员激励方案

不仅是公司的财务人员需要激励，其他部门的员工同样需要激励，而激励方案或措施都是大同小异。总经理在协同公司内部其他管理者制订激励方案时，最重要的是要考虑激励方案能够成功的关键，即如何才能真正调动财务人员和其他员工的工作积极性。

总经理
财务管理实操手册

3

学现金流和应收应付款，看清公司周转情况

总经理要想很好地掌握公司的财务情况，就要从具体方面入手了解。在了解了内部控制和财务管理这样的全局状况后，还要学习的是与公司现金流和应收应付款相关的财务知识，了解公司的资金周转情况，这样才能做出及时且合理的关于流动资产的决策，防止公司因资金周转不灵而出现财务危机。

确定最佳现金持有量
总经理组织财会人员定期清查库存现金
分析公司的现金偿债能力
现金流量表提供的实用信息
对是否该延长信用期做出合理判断
改善应付账款管理的对策
……

3.1 总经理管好现金流，让企业有钱可用

所谓的资金链断裂，就是指公司缺乏现金，周转不灵，比如采购时钱花出去了，但销售时钱又没有收回来。要避免这样的情况出现，总经理要领导财务部员工管好公司的现金流。

3.1.1 确定最佳现金持有量

最佳现金持有量又称为最佳现金余额，指公司内部现金既满足生产经营需要，又使其使用效率和效益最高的最低持有量。换句话说，能使现金管理的机会成本和转换成本之和保持最低的现金持有量。

总经理要了解，确定公司的最佳现金持有量的方法有多种，主要有如下一些。

- **计算最低总成本对应的现金持有量：**持有现金发生的总成本一般呈现出曲线变化，当现金持有量达到某个点时，总成本最低，小于或大于该现金持有量都会增加总成本。在计算现金持有总成本时会涉及管理成本、机会成本和短缺成本。如图 3–1 所示的是该方法下的模型分析图。

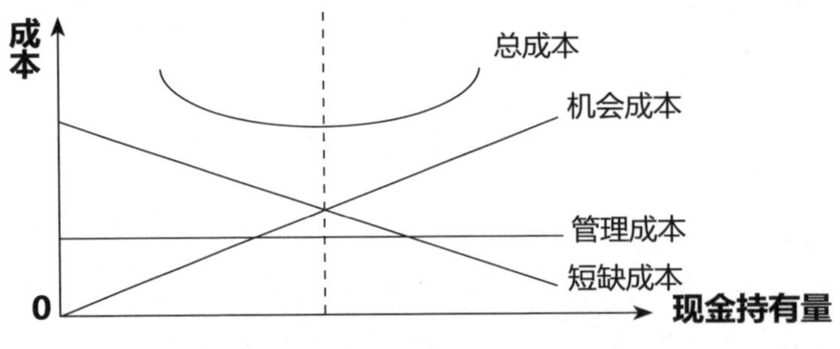

图 3-1　成本模型确定最佳现金持有量

- **利用存货模型确定：**当公司持有现金量不是最佳状态时，为了

降低持有总成本，会将现金与有价证券进行转换，降低现金的持有成本或短缺成本。但在转换过程中又会发生交易成本，也会使现金持有总成本增加。此时需要利用“最佳现金持有量 = $\sqrt{(2T\times F)/K}$”公式确定，其中 T 表示公司需要的现金总量，F 表示有价证券每次转换成本，K 表示有价证券利率。

- **利用现金周转期确定：** 主要利用“现金周转期 = 存货周转期 + 应收账款周转期 − 应付账款周转期”“现金周转率 =360÷ 现金周转期”和“最佳现金持有量 = 年现金需求量 ÷ 现金周转率”这 3 个计算公式计算公司的最佳现金持有量。
- **利用随机模型确定：** 公司现金流量一般具有很大的不确定性，利用随机模型确定的最佳现金持有量更符合公司生产经营的随机性，计算公式为“$R=[3b\times\sigma^2\div(4i)]^{1/3}+L$”，$R$ 表示最佳现金持有量，b 表示证券转换为现金或现金转换为证券的成本，σ 表示公司每日现金流变动的标准差，i 表示以日为基础计算的现金机会成本，L 表示现金持有量的控制下限。如图 3-2 所示的是该模型分析图。

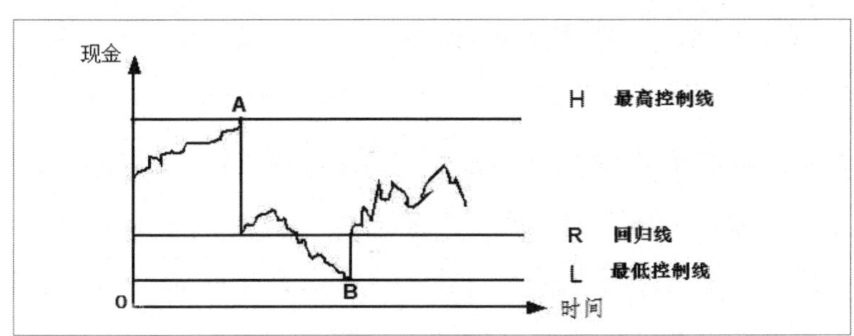

图 3-2　随机模型确定最佳现金持有量

在公司实际经营过程中，需要根据自身的具体情况选择合适的方法来确定最佳现金持有量。下面来看一个例子，了解不同情况下确定最佳现金持有量的方法。

实例分析

总经理利用手中的数据，灵活确定最佳现金持有量

如果总经理只掌握了公司持有不同量现金对应的管理成本、机会成本

和短缺成本等数据，如表3-1所示，可直接用成本模型确定最佳现金持有量。

表 3-1

方案	一	二	三	四
现金持有量（元）	10 000.00	15 000.00	20 000.00	50 000.00
管理成本（元）	2 500.00	2 500.00	2 500.00	2 500.00
机会成本（元）	200.00	250.00	500.00	800.00
短缺成本（元）	5 000.00	2 450.00	1 000.00	0.00

方案一现金持有总成本 =2 500.00+200.00+5 000.00=7 700.00（元），方案二现金持有总成本 =2 500.00+250.00+2 450.00=5 200.00（元），方案三现金持有总成本 =2 500.00+500.00+1 000.00=4 000.00（元），方案四现金持有总成本 =2 500.00+800.00+0.00=3 300.00（元）。由此，总经理可判断出公司的最佳现金持有量为 50 000.00 元。

如果已知公司可以预计一个月内所需要的现金，比如 10.00 万元，且能够确定证券变现一次的费用为 150.00 元，利率为 8%，则总经理可利用存货模型确定最佳现金持有量。

最佳现金持有量 = $\sqrt{(2\times100\ 000.00\times150.00)\div8\%}$ =19 364.92（元）

如果总经理只知道公司的存货周转期为 90 天，应收账款周转期为 60 天，应付账款周转期为 45 天，预计全年需要现金量为 60.00 万元，则：

最佳现金持有量 =600 000.00 ÷ [360 ÷（90+60−45）]=175 000（元）

如果总经理能确定现金持有量的控制下限 L 为 1.00 万元，同时能获取现金流量标准差 σ 为 1 000.00 元，持有现金的机会成本率为 15%，换算出 i 为 0.00039，证券转换成本 b 为 150.00 元。则：

最佳现金持有量 =$[3\times150.00\times1\ 000.00^2\div(4\times0.00039)]^{1/3}$+10 000.00=16 607.38（元）

3.1.2 总经理组织财会人员定期清查库存现金

由于公司日常经营活动总会涉及一些事务需要用到少量资金，为了管理方便，会在公司内部存放一定数量的现金，即库存现金。公司应严格遵守国家有关现金管理的制度，正确进行现金收支核算，监督现金的使用和保管工作。

日常工作中，财会人员只需按照本公司的现金管理制度管理库存现金，而需要总经理做的就是定期组织财会人员清查库存现金，防止员工舞弊行为。下面来看一个实例。

实例分析

统领并监督库存现金清查工作

李先生是上海某家食品包装袋生产公司的总经理，2018 年 4 月底，公司要进行一次大型的库存现金盘点工作。于是李先生开始着手安排和组织相关管理人员、负责人开会讨论，最终，李先生下达了即将进行库存现金清查的通知，同时任命财务部经理为此次清查工作的主要负责人，授权其选派合适的员工协助出纳人员进行库存现金清查。

另外，总经理对此次库存现金的清查工作提出了一些具体的要求和标准，形成了一份工作安排文件。该文件中包含的大致内容如下。

1. 库存现金的清查方法为实地盘点法，相关人员要确定库存现金的实存数，再与现金日记账的账面余额进行核对，以查明其盈亏情况。

2. 库存现金的盘点应由清查人员会同现金出纳人员共同负责。

3. 清查前，出纳人员应先将收付款凭证全部登记入账并结出余额。确定相关清查人员后，明确各自的分工，准备《库存现金盘点报告表》，如图 3–3 所示的是一般的《库存现金盘点报告表》模板。

4. 清查结束后，应根据盘点结果填制《库存现金盘点报告表》，由清查人员和出纳人员签名或盖章。若盘点金额与现金日记账余额有差异，应查明原因并记录，然后做出适当调整。

5. 最后，希望所有参与库存现金盘点工作的人都能各尽其职。

库存现金盘点报告表

年　月　日

单位名称：				
实存金额	账存金额	盈亏情况		备注
		盘盈数	盘亏数	
处理意见：				

主管　　　　会计　　　　出纳

图 3-3　库存现金盘点报告表（样表）

小贴士 *严格管理公司的备用金*

备用金是公司、机关、事业单位或其他经济组织等拨付给非独立核算的内部单位或工作人员备作差旅费、零星采购或零星开支等用途的款项。备用金应指定专人负责管理，按照规定用途使用，不得转借给他人或挪作他用。

3.1.3 加强银行存款的管理

顾名思义，银行存款是储存在银行的款项。根据我国现金管理制度的规定，每一家公司必须在中国人民银行或专业银行开立存款户，办理存款、取款和转账结算等业务。

公司在规定限额内可以保存少量的现金（库存现金），超过限额的现金都必须存入银行。银行存款的收支业务由公司的出纳员负责管理，每笔银行存款的收支情况必须根据审核无误的原始凭证登记银行存款日记账。

总经理要定期组织相关人员进行银行存款的对账工作，而在这之前，要协同公司的其他财务管理人员制定银行存款管理制度。如图 3-4 所示的是某公司制订的银行存款管理制度的部分内容。

公司银行存款管理制度

为了加强公司的银行结算程序和办法，严肃结算纪律，特制定本办法。

一、 企业发生的一切收付款项，除按规定可用现金支付以外，都必须通过银行办理转账结算，严格执行中国人民银行发布的《银行结算办法》各项规定，遵守银行结算纪律，保证结算业务的正常进行。

二、企业在银行或其他金融机构开立及结算账户后，应加强管理，不得将所开立的账户出租、出借给别的单位或个人使用，防止发生诈骗和损害本单位的信用和经济利益。

三、根据业务的需要，企业可以选用银行汇票、本票、支票、委托收款或托收承付等结算方式进行银行结算。

……

十二、出纳不得兼管银行支票和印鉴，以保证银行存款的完整无缺，出纳应定期如实向相关领导上报银行存款的收支情况。

图 3-4 银行存款管理制度

总经理根据公司实际情况制订银行存款管理制度，定期要求财务部与有业务往来的银行进行对账工作，监督对账工作的进度，及时了解公司的银行存款收支情况。至于财务部派遣谁与银行对接工作，无须总经理考虑。

3.1.4 支票结算应注意的问题

支票的结算问题一般会在公司的银行存款管理制度中做详细说明，而有权开具支票的是公司的出纳人员。为了全面控制支票的使用情况，总经理需要了解支票结算应注意的问题，具体如下。

- 在银行开立了账户的企事业单位、机关、团体、部队、学校、个体工商户和单位附属食堂、幼儿园等，如果在同一城市或票据交换地区发生商品交易、劳务供应和债务清偿等活动，均可使用支票，包括其他款项结算也可以使用。
- 除定额支票外，支票一律记名。经中国人民银行总行批准的地区的转账支票允许背书转让，背书转让必须连续。
- 支票金额起点为 100 元。
- 支票的付款有效期为 5 天（背书转让地区的转账支票有效期为 10 天），从签发的次日算起，遇节假日顺延。过期支票需作废，相关业务银行将不予受理。

- 签发支票时要认真填写，可以用碳素墨水笔，也可用支票打印机直接录入数据并打印。支票的大、小写金额和收款人这 3 处不得涂改，其他内容有改动的，必须由签发人加盖预留银行的印章进行证明。如果支票没有加盖印鉴，或者账号错误，或者加盖的印章与预留银行印鉴不符，或账号户名不符、密码不符，银行可以处 5% 但不低于 1 000 元的罚款。
- 签发人必须按照现金管理的规定签发现金支票，收款单位或收款人凭现金支票收取现金是应在支票背面加盖单位公章或个人私章，同时到签发单位的开户银行支取现金，并根据银行规定交验证件。
- 付款单位必须在其银行存款余额内签发支票，不得签发空头支票（指签发的支票金额超过银行存款余额）。银行对签发空头支票的行为处支票金额 5% 但不低于 1 000 元的罚金。如果屡次发生，银行根据情节严重程度给予警告或通报批评，直至停止签发支票。
- 不准签发远期支票（指签发当日以后日期的支票）。签发的远期支票容易演变成空头支票，所以银行禁止签发远期支票。
- 不准出租、出借支票。
- 已签发的现金支票遗失，可向银行申请挂失；挂失前已经支付的，银行不予受理。已签发的转账支票遗失，银行不受理挂失，但可以请收款单位协助，防范支票遗失。

总经理自己也能开支票，但前提是总经理使用的是自己的钱而不是公司的钱，此时开具的支票属于个人支票，而不是企业支票。

3.2 总经理从现金流看企业的现金偿债能力

现金流是公司通过经营、筹资、投资及非经常性项目等活动产生的现金流入、流出及总量情况的总称。总经理掌握公司的现金流量状况，可防止出现资金周转不灵甚至资金链断裂的事情发生。

3.2.1 分析公司的现金偿债能力

现金偿债能力即用现金偿还债务的能力，当总经理在分析该能力时，会用到“现金比率”（本书第 1 章有过简单介绍）和“现金流量比率”这两个财务指标。现金流量比率是公司经营活动产生的现金流量净额与流动负债的比值，其计算公式如下。

现金流量比率 = 经营活动产生的现金流量净额 ÷ 流动负债 ×100%

具体如何分析呢？来看看下面这个例子。

实例分析

分析公司的现金比率与现金流量比率

北京某销售公司 2019 年的部分财务数据如表 3-2 所示。

表 3-2

××销售公司 2019 年部分财务数据　　单位：万元

财务数据	年初余额	年末余额
货币资金	170.00	245.00
交易性金融资产	30.00	70.00
流动负债合计	450.00	500.00
经营活动产生的现金流量净额	660.00	

由于现金比率 =（现金 + 现金等价物）÷ 流动负债 ×100%，那么：

2019 年初的现金比率 =（170.00+30.00）÷ 450.00 × 100%=44.44% > 20%

2019 年末的现金比率 =（245.00+70.00）÷ 500.00 × 100%=63% > 20%

2019 年的现金流量比率 =660.00 ÷ 500.00 × 100%=132%

由案例中计算出的数据结果可知，该公司 2019 年末的现金比率高于年初的现金比率，且均大于 20%，说明该公司的现金偿债能力很好，且在不断地变得更好。

现金比率是反映公司现金的短期偿债能力的静态指标，是每个时间点上的偿债能力；而现金流量比率是从动态角度反映公司当期经营活动产生的现金净流量偿付流动负债的能力，是动态指标。总经理在分析公司的现金偿债能力时，要结合实际需求，选择合适的财务指标。

3.2.2 做好未来现金流的预测

一些公司的销售及生产变动较大，如果只是分析现金的偿债能力而不对未来现金流进行预测，则很可能使公司陷入资金周转不灵的风险中。

对公司的未来现金流进行预测，从而选择相应的融资方式，以准备公司发展或应急所需的资金。总经理和相关管理人员对未来现金流进行预测时，需经过两大步骤。

1. 第一步，预测未来经营状况

该步骤下，需要预测的数据主要有如下一些。

- **公司未来的销售收入**：根据公司的历史数据和未来发展战略进行预测。
- **公司未来的销售成本**：根据公司的历史数据和环境变化进行预测。
- **公司未来的销售费用**：根据公司的历史数据进行预测。
- **公司未来的所得税费用**：根据预计盈利状况进行预测。
- **公司未来的营运成本**：根据公司的历史数据和发展战略进行预测。
- **公司未来的固定资产**：根据公司的发展战略进行预测。

2. 第二步，预测未来的现金流量

公司迅速扩张或有重大战略计划时，进行未来现金流量的预测是必不可少的工作。预测时一般进行粗略估计，并不需要预测得十分准确。通过预测，总经理可以了解在新的战略环境下，公司现金流量可能存在的问题，事先考虑公司的筹资方式，避免出现现金短缺，给公司造成灾难性后果。

在进行未来现金流量预测时，可通过填列如图 3-5 所示的现金流量预测表来逐步得出未来现金流量。

现金流量预测表

项目	2016 年	2017 年	2018 年	2019 年	2020 年
期初现金余额					
加：销货现金收入					
可供使用现金					
减：各项支出					
生产发生的现金支出					
销售和管理费用					
支付的各项税费					
购建长期资产					
股利分配					
现金盈余/短缺					
吸收投资					
借款增加额					
期末现金余额					

图 3-5 现金流量预测表

3.2.3 现金流量表提供的实用信息

作为辅助分析工作的工具，现金流量表主要用于分析公司短期生存能力，尤其是缴付账单的能力。通过分析现金流量表，总经理可了解经营、筹资和投资等活动对公司现金流入、流出的影响，进而评价公司的实际利润、财务状况和财务管理工作。如图 3-6 所示的是现金流量表的部分信息所对应的警示。

信息		警示
经营活动产生的现金流无法支付股利，或无法保持股本的生产能力，从而需要通过借款的方式满足这些需求。	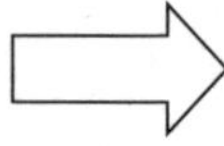	从长期角度看，公司无法维持正常情况下的支出。
某个项目的现金净流量 > 0，或者某个项目以资金成本为折现率，对现金流量进行折现得出的现值指数 > 1。	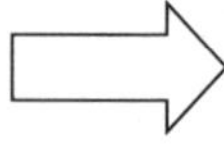	投资项目可接受。如果现金流量表的信息相反，投资项目不可行。
投资回收期 = 原始投资额 ÷ 每年现金净流量，若某个项目的投资回收期 < 预计回收期	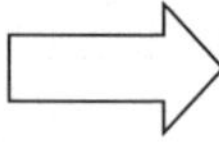	投资方案可行。信息相反，投资方案不可行。

图 3-6　现金流量表提供的部分实用信息

实例分析

对比分析公司近 3 年的现金流量表数据

如表 3-3 所示为某公司近 3 年的现金流量表数据对比情况。

表 3-3

某公司 2017 年～ 2019 年现金流量表部分数据对比　　单位：万元

项目	2017 年	2018 年	2019 年
现金流入	499.74	535.69	639.17
经营活动现金流入	198.33	223.29	270.57
投资活动现金流入	171.93	189.23	250.97
筹资活动现金流入	129.48	123.17	117.63
现金流出	475.77	545.27	696.91
经营活动现金流出	162.45	198.45	212.06
投资活动现金流出	174.93	202.62	229.85
筹资活动现金流出	138.39	144.20	255.00

2018 年现金流入与 2017 年现金流入相比的增长率 =（535.69−499.74）÷ 499.74 × 100%=7.19%

2019 年现金流入与 2018 年现金流入相比的增长率 =（639.17−535.69）÷ 535.69 × 100%=19.32%

公司的现金流入在逐年增加，增长率也在不断增大。

2018 年经营活动现金流入与 2017 年经营活动现金流入相比的增长率 =（223.29−198.33）÷ 198.33 × 100%=12.59%

2019 年经营活动现金流入与 2018 年经营活动现金流入相比的增长率 =（270.57−223.29）÷ 223.29 × 100%=21.17%

2017 年～ 2019 年公司的经营活动现金流入增长率均高于对应的现金流入增长率，说明公司的经营活动处于良好的发展态势中。

从表中数据可直接看出，公司的投资活动现金流入在不断增加，说明投资决策做得比较好，收益较稳定。而筹资活动现金流入在不断下降，2017 年占总现金流入比例为 25.91%（=129.48 ÷ 499.74 × 100%），2018 年占总现金流入比例为 22.99%（=123.17 ÷ 535.69 × 100%），2019 年占总现金流入比例为 18.40%（=117.63 ÷ 639.17 × 100%），这说明公司对筹资的依赖越来越小，从表中数据可以看出，经营活动现金流入大于投资活动现金流入，使公司不再需要进行过多的对外融资。

公司的现金流出在逐年增加，且逐渐超过了各年的现金流入量，此时好像需要控制现金流出，但 2019 年投资活动的现金流出比现金流入少 21.12 万元（=250.97 万元 −229.85 万元），说明投资活动的现金流出并没有增加公司的负担，则可能是其他方面的现金支出在增加。总经理此时就需要找出具体的原因，进而采取相应的措施。比如将更多的现金用于利润分配的话，则要考虑是否要更改利润分配的政策。

3.3 应收账款收回来了才是资产

应收账款的发生表示债权的形成，公司成为债权人。虽然“应收账款”科目属于资产类科目，但应收账款要收回公司才算是公司的资产；若收不回来，应收账款将变为坏账，影响公司的收益和发展。所以，总经理和其他管理人员要特别注重应收账款的管理。

3.3.1 督促财务人员定期核对往来账

应收账款是公司在正常经营过程中销售商品、产品或提供劳务而应向购买单位收取的，但在发出商品或提供劳务的同时没有收到货款的款项。由于该往来账涉及己方和购买方的利益，所以需要公司定期与客户或供应商核对应收账款。总经理更要重视应收账款的核对工作，具体办法如下。

- 对每次参与核对工作的财务人员要有清晰的了解。
- 要求核对人员记录准确的反馈数据。
- 查看核对结果，对应收账款的收回时间、数额以及坏账可能性等要心里有数。

通过督促财务人员核对往来账，避免出现坏账，而导致公司蒙受不必要的经济损失。如果发现应收账款存在问题，总经理要采取积极的应对措施，决定是否对客户或供应商重新进行信用调查、控制赊销额度或更改收款策略。下面来看一个具体的案例。

实例分析

总经理和公司领导要积极督促财会人员核对往来账

成都某销售公司主营生活用品，由于老客户比较多，平时发生应收账款的经济业务也就很多。2019 年 5 月 3 日，公司总经理杨某、副总会计师陆某和财务、市场等部门领导对公司进行应收账款管理工作调研，检查并指导应收账款管理工作。另外，公司总会计师冼某、副总经理赵某及财务、市场等部门负责人也参加了会议。

首先，公司总会计师冼某以数据为支撑，以销售周期为主线，汇报了公司上半年应收账款的阶段性目标完成情况和全面风险管控建设情况，总结了上半年工作的优点和存在的问题，并提出了下一阶段工作目标。

接着，总经理杨某强调了应收账款的核对工作要注重时效性，要提高核对人员的执行力，要记录好核对结果，要严格控制应收账款的回收期；市场部在开展销售业务时不打“感情牌”，不讲私情；要充分结合财务预算管理，加强部门之间的联动，重点关注应收账款周转率、资产负债率和净资产收益率等指标，对应收账款进行整体把控，严格按照公司的应收账款管理制度管理应收账款。

最后，总经理还强调了相关财务人员一定要明确自身的责任，尽职尽责，合力管理好公司的应收账款。

3.3.2 对是否该延长信用期做出合理判断

确定合理的信用期是公司在管理应收账款过程中重要的工作内容。信用期是公司允许客户从购货到付款之间的时间。比如，公司要求某客户在购货后 20 天内付款，则信用期为 20 天。

如果公司允许的信用期太短，则不能吸引客户，会使销售额下降；若信用期太长，虽然会增加销售额，但所得的收益会被时间成本抵消，甚至降低利润。因此，公司必须确定合理的信用期，这就需要总经理和财务负责人一起研究。如图 3–7 所示的是确定应收账款信用期是否需要改变的具体分析步骤。

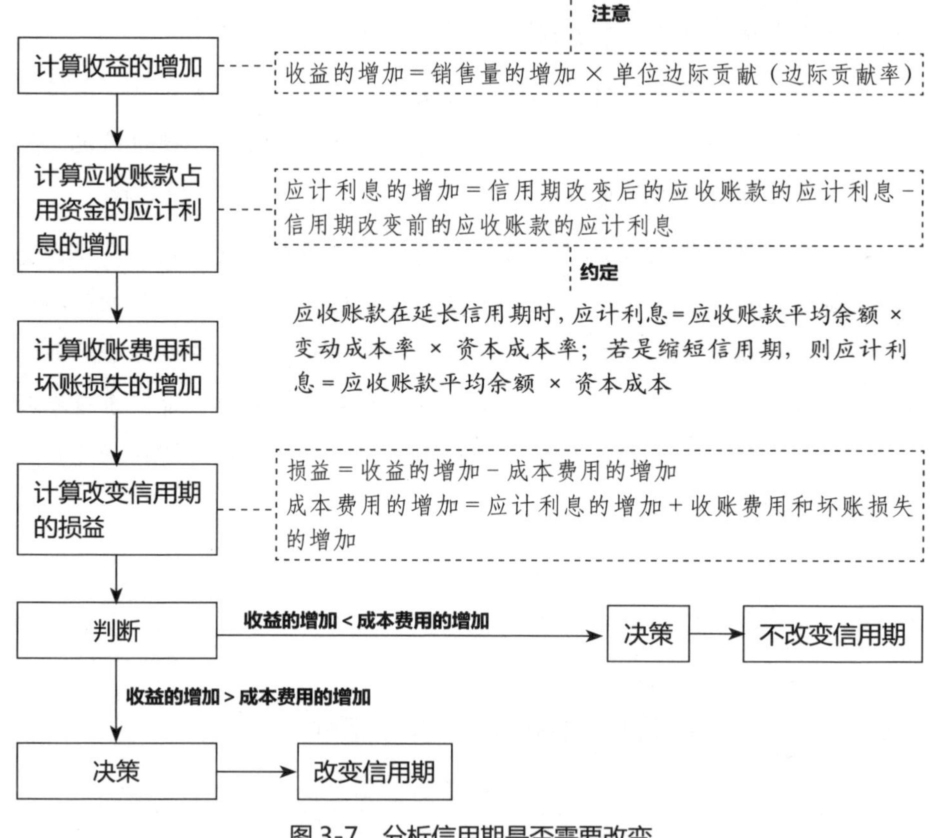

图 3-7　分析信用期是否需要改变

总的来说，如果延长信用期对销售额产生的有利影响＞延长信用期对应收账款、收账费用和坏账损失等产生的不利影响，则可以延长信用期；如果前者＜后者，则不宜延长信用期。

同理，如果缩短信用期对销售额产生的有利影响＞缩短信用期对应收账款、收账费用和坏账损失等产生的不利影响，则可以缩短信用期；若前者＜后者，则不宜缩短信用期。

实例分析

计算改变信用期后的损益，判断信用期的延长与否

某制造业公司从事服装生产，产品的变动成本率为 55%，公司的应收账款管理办法中规定，当以赊销方式销售产品时，信用条件为 n/45（即信用期为 45 天）。如果继续采用 45 天的信用期，预计 2020 年赊销收入净额将达到 960.00 万元，坏账损失达到 19.20 万元，收账费用为 11.52 万元。

为了增加产品的销售量，公司拟将信用条件变为 n/60。在其他条件不变的情况下，预计 2020 年赊销收入净额将达到 1 056.00 万元，坏账损失达到 24.00 万元，收账费用为 14.40 万元。假设同等风险下资本成本率为 10%，一年按 360 天计算，所有客户都在信用期满时付款。那么：

收益的增加 =（1 056.00−960.00）×（1−55%）=43.20（万元）

应计利息的增加 =1 056.00÷360×60×55%×10%−960.00÷360×45×55%×10%=3.08（万元）

成本费用的增加 =3.08+（14.40−11.52）+（24.00−19.20）=10.76（万元）

损益 =43.20−10.76=32.44（万元）

由此可见，收益的增加＞成本费用的增加，所以可以延长信用期。

小贴士 *控制赊销额度*

控制赊销额度具体是指给企业制定一个最高赊销额的标准，该措施是加强公司对应收账款日常管理的重要手段。实务中，公司需根据不同客户的不同信用等级确定具体的、不同的赊销额度。总经理在和财务、市场等部门负责人一起确定赊销额度的管理办法时，一定要将赊销累计额严格控制在公司所能接受的风险范围内。

3.3.3 清楚其他应收账款中的“秘密”

其他应收款与应收账款均为公司的债权，但二者有区别。应收账款一般是公司与客户购销往来发生的货款，而其他应收款主要是公司暂借或预付的款项，如公司暂借给员工的差旅费或预付的租赁抵押金等。作为总经理应该知道，应收账款的金额通常更高，对公司资产的影响也更大。如果公司的其他应收款越来越多，甚至多过了应收账款，则需要提高警惕。

除此之外，总经理还需要了解其他应收款中存在的另外一些问题，如表 3–4 所示。

表 3–4

问题	表现	核查
利用其他应收款隐藏短期投资业务，或向外出借资金的行为，达到偷逃所得税的目的	公司的大部分投资业务属于金融产品投资或关联企业之间的融资业务，比如公司发生了购买理财产品的业务，但没有后期的收益记录；或者关联企业之间的资金往来融入方有费用支出，但出借方没有获取收益	1.注意金融产品的收益约定。 2. 看公司与关联企业之间的业务往来明细账。 3. 结合财务费用和投资收益等科目进行核对。 4. 调查相关合同、协议，看资金拆借是否有利息的约定等
利用其他应收款进行利润分配或派发奖金，达到少缴个人所得税的目的	主要表现为公司与股东、公司与员工之间的资金往来，其他应收款长期挂账，且余额逐渐增大，如有的公司对员工发放奖励时，不通过“应付职工薪酬”科目核算，而通过“其他应收款”科目核算；或者公司股东在分配利润时不通过“利润分配”科目，而一直挂往来账	1. 看其他应收款的明细核算对象是否有公司的股东或员工，若有，则逐笔查看对应的记账摘要和原始凭证的内容。 2. 看公司是否将对股东的分红或对业绩好的员工发放的奖金计入了“其他应收款”科目。 3. 股东长期没有归还公司借款，也没有用于生产经营，要视该借款为公司对个人投资者的红利分配，计征个人所得税
利用其他应收款隐藏费用，影响应纳税所得额	针对业务招待费、广告费和赞助费等，有的公司在进行所得税汇算清缴时会将其虚列为借款，造成“款已付而票未到”的假象，使费用虚减，影响当期的应纳税所得额	对大金额或整数金额的其他应收款进行账证核对，看是否属于费用性支出的借款，同时核查公司资金往来的审批手续是否齐全，看是否存在财务人员按管理层意图进行人为调账的财务舞弊行为

续上表

问题	表现	核查
利用其他应收款转移收入，偷逃流转税和企业所得税	有些公司会将销售收入、其他业务收入和营业外收入等均记为“其他应收款”科目，这样虚列的收入在收回来时并没有借方发生额	1. 对有贷方发生额的其他应收款，应查看公司前期是否有对应的其他应收款借方发生额。 2. 看是否有将应结转收入的业务贷记为“其他应收款”科目，虚减收入、偷逃税款的情况

3.4 可怕的不是应付账款多，是应付账款不实

应付账款是公司应支付但尚未支付的购买材料、商品或接受劳务等涉及的款项，是公司的负债。应付账款多并不可怕，因为它确实是公司经营过程中应该支付的款项。可怕的是应付账款不实，不仅公司自身利益受损，损失不该支付的钱，而且还可能陷入经济风险。所以，总经理要带领公司财务人员做好应付账款的管理工作。

3.4.1 贪污现金折扣是应付账款易出现的问题

如果公司没有对享有现金折扣的应付账款业务进行定期核对，或者对应付账款的监督、审查力度不够，可能会促使一些职业道德缺失的财会人员利用自己的职务之便，在现金折扣期内按发票原价支付货款后，私自向供应商取回退款，并不在账面上做记录，从而贪污现金折扣。

还有，公司实际上在折扣期内已经付清了应付账款，但财会人员不入账，隐瞒实际的现金折扣业务，即不用现金折扣冲减财务费用，而是私自

纳入“小金库”，贪污现金折扣。

实例分析

以总价款付给供应商，再从其手中捞得现金折扣

钱某是公司的一名负责往来账的记账会计，2020 年 5 月 2 日，公司购买了一批原材料，总价为 6.00 万元，钱某和采购部的姜某串通，当天就把享受了现金折扣的采购业务按照没有享受现金折扣的采购总价填制了记账凭证，而实际上发生现金折扣金额为 1 200.00 元。在折扣期内，财务部支付了全部采购价款，相应的会计分录如下。

借：原材料　　60 000.00
　　贷：应付账款——××公司　　60 000.00
借：应付账款——××公司（总价）　　60 000.00
　　贷：银行存款　　60 000.00

最后，钱某和姜某从供货单位采购业务中骗取了现金折扣 1 200.00 元，并分配“赃款”，装入自己的“口袋”。

分析上述案例可知，该公司没有将现金折扣的部分冲减财务费用，即没有编制如下会计分录。

借：应付账款——××公司　　1 200.00
　　贷：财务费用　　1 200.00

这样一来，会虚增公司的财务费用，降低公司的应纳税所得额。虽会达到少缴税的目的，但这是典型的逃税行为，切记不可犯这样的错误。

小贴士 *虚增应付账款*

有些公司为了少缴税，会伪造购货发票，进而虚记应付账款。比如虚开购买原材料的记账凭证，借方记“原材料”“应交税费——应交增值税（进项税额）”等科目，贷记“应付账款”科目，以此虚增增值税进项税额来抵减销项税额，达到少缴税的目的。这些做法都是违法的。

3.4.2 改善应付账款管理的对策

如果公司不按时支付应付账款，将会影响公司在合作企业心中的信用度，会加剧公司的采购难度。另外，如果公司不严格管理应付账款，很容易让缺乏职业道德的员工抓住漏洞，进而私吞公司的钱。那么，公司要如何改善应付账款管理呢？总经理在其中扮演怎样的角色呢？

◆ 要带领财会人员树立正确的观念

总经理要在日常经营过程中向财会人员强调应付账款及时支付的重要性，要潜移默化地给负责应付账款工作的人员灌输“诚信经营，科学管理”的思想。

◆ 制订规范且合理的应付账款管理制度

总经理要与公司其他管理人员一起制订应付账款管理制度，给应付账款的管理提供一个标准，如图 3-8 所示的是某公司制订的应付账款管理制度的部分内容。

应付账款管理制度

一、目的

为加强应付账款、预付款项、其他各项应付款管理，保证付款的准确性和及时性，明确审批、记账、付款各环节的具体程序和各环节责任人的职责。

二、范围

公司采购营运用原物料、办公用品、固定资产、仪器设备、其他辅助用品、接受服务、装修工程等所产生的各项应付账款、预付款项、其他应付款项的审批、记账、支付管理。

三、职责

（1）业务经办部门职责

……

（2）财务部职责

……

（3）总经理职责

目前所有付款均需总经理签字。

四、内容

（1）付款申请、审批程序

1.采购项目的付款申请、审批

……

五、表单

“物料采购申请审批表”“固定资产采购申请审批表”“采购入库单”“固定资产验收表”“付款申请单”“应付账款明细表”“预付账款明细表”“其他应付款明细表”“应付账款暂估入账明细表”“应付账款对账单”。

图 3-8　应付账款管理制度

◆ 建立完善的供应商档案体系并定期组织人员清理应付账款

良好的供应商关系是公司应付账款管理的基础，总经理要时刻督促财会人员利用财务软件建立完善的供应商信息档案，并及时进行档案信息和业务往来记录的更新处理工作，然后定期组织相关的财务人员清理公司的应付账款。

◆ 完善应付账款管理的内部控制制度

总经理要会同财务部负责人建立应付账款的核对制度、责任追究制度、职责分工制度和内部审计制度，要求财会人员必须在确认供应商信息无误后才可登账；明确相关责任人的职责，对责任承担者进行严格处理；组织财会人员进行定期或抽查等方式的内部审计工作。

◆ 建议财会人员编制应付账款付款顺序表

为了提高应付账款的付款效率，总经理可建议财会人员编制应付账款的付款顺序表，这样可及时提醒财会人员对外支付公司应该偿还的应付账款，避免出现后发生的应付账款先支付而先发生的应付账款却一直挂在账上的情况。

4

学资产与存货，搞清公司到底有没有钱

作为公司的总经理或管理者，了解公司的资产和存货状况是理所应当的。资产和存货是公司拥有的财富，科学管理并合理运用资产和存货，可以给公司带来经营收益，同时能及时地给管理者一些警示，通过判断公司以当前的资产和存货量是否能够持续经营下去，进而做出准确的经营决策。

熟悉固定资产日常管理的工作内容
定期组织财务人员进行资产盘点
了解需要进行固定资产清理的情形
总经理要协助生产部门确定合理存货量
督促财会人员做好存货跌价准备的核算
存货管理中有哪些舞弊行为
……

4.1 资产是本，日常管理和盘点工作很重要

过去经营交易或各种事项形成，由公司拥有或控制，预期会给公司带来经济利益的资源称为资产。公司内部的每项资产都有一个生命周期，总经理和管理者了解这些资产的状态，在资产生命周期内明智地规划、采购、活动、更新、更换和其他变更等日常管理和盘点工作，才能做好资产管理。

4.1.1 熟悉固定资产日常管理的工作内容

公司对固定资产的管理包括日常管理和后期管理两部分，后期管理工作内容一般包括盘点、清理等，而日常管理工作的内容就比较多，具体有如表 4-1 所示的一些。

表 4-1

工作内容	具体描述
固定资产卡片管理	资产卡片是用来登记固定资产各种资料的卡片，是固定资产进行明细分类核算的一种账簿形式。日常管理中，总经理要与其他管理者一起制定公司的固定资产卡片的标准和模板，如图 4-1 所示
录入	固定资产录入就是将公司新增或更换的固定资产的详细资料录入到财务软件中保存
启用	公司购建了固定资产后，开始进入使用阶段
转移	固定资产在公司内部或控股子公司范围内发生的因调拨、调剂、投资或买卖而产生的产权变更或产权与实物安装地点同时变更
维修	诸如添加润滑油、清洗机器、更换小部件和喷漆等工作内容，日常维修与固定资产大修理是不同的
借用	在经营过程中，公司内部的固定资产可能会借给其他单位使用，此时可能涉及使用费，所以要做好登记和账务处理等工作
停用	公司内部的固定资产连续停止使用一个月，但以后还会继续使用

续上表

工作内容	具体描述
退出	公司的固定资产脱离生产经营过程，以后都不会再使用，退出方式主要有出售、毁损、报废、对外投资或捐赠、抵债以及盘亏等

总经理要注意上表中提到的“固定资产停用”这一概念，在我国实际固定资产管理工作中，连续停止使用满一个月的，均作为停用固定资产。但是，由于季节性生产和大修理等原因导致暂停使用的固定资产，以及轮换导致停用的机器设备，无论时间长短，均不做固定资产停用处理。固定资产管理卡片，如图 4-1 所示。

固定资产管理卡片

资产基本信息					
卡片编号			资产编号		
资产名称		资产类别		资产尺寸	
资产型号		生产厂家		存放地点	
购置日期		登记日期		使用年限	
使用地点		管理部门		负责人	
现状	□正常使用	□停用	□待修	□维修中	□报废

移动情况				
日期	使用部门	用途	保管人	备注
日期	使用部门	用途	保管人	备注
日期	使用部门	用途	保管人	备注

损坏及维修情况					
损坏时间	损坏原因	维修时间	维修情况	完成时间	备注
损坏时间	损坏原因	维修时间	维修情况	完成时间	备注
损坏时间	损坏原因	维修时间	维修情况	完成时间	备注

图 4-1　固定资产管理卡片

虽然公司总经理不会具体参与到这些管理工作中去，但需要了解公司的固定资产管理有这些工作内容。而另外需要总经理做的事情就是和其他管理者一起制定规范标准的固定资产管理制度，制度中应包含固定资产日常管理和其他管理的工作内容，如图 4-2 所示的是某公司的固定资产管理制度的部分内容。

固定资产管理制度

一、总则

第一条　为了加强公司固定资产管理，明确管理和使用部门的职责，保障固定资产的安全完整，提高固定资产的使用效率，制定本制度。

第二条　本制度所指的固定资产是指单位价值在1000元以上、使用期限超过一年，并且在使用过程中保持原有物质形态的资产，包括房屋、建筑物、用于生产经营的机器机械设备、运输设备、工具器具以及其他与生产、经营有关的设备、器具、工具等。非生产经营性设备单位价值在2000元以上，且使用年限在二年以上的也作为固定资产管理。

不具备以上条件的物质设备，则作为低值易耗品。

第三条　本制度适用于本公司及子公司与固定资产的取得、使用、维护、处置、转移等活动有关的部门及个人。

二、固定资产的分类和编码

第四条　公司的固定资产分为五大类。

1.房屋及建筑物，指公司拥有的供生产经营使用和为职工生活福利服务的房屋、建筑物及其附属设备，如厂房、办公用房、仓库、食堂、宿舍等。

2.机器机械设备，指各种机器、机械、机组、生产线及其配套设备，各种动力、输送、传导设备等。

……

七、罚则

第三十条　当经办人员没有按照上述规定执行但没有造成实际损失的，由综合管理部通报本人及所在部门经理，处以责任人100～500元处罚。

第三十一条　如果因经办人员没有按上述规定执行而造成实际损失的，由综合管理部书面通报本人及所在部门经理，责任人按不低于实际损失金额的50%赔偿公司经济损失。

八、其他事项

第三十二条　各资产使用中心（部门）可以根据本制度及各中心（部门）固定资产情况，分别编制《生产设备管理制度》《办公设备管理制度》和《研发及测试中心仪器设备管理制度》

第三十三条　本制度由资财行管中心负责解释，并视公司发展进行不断修订和完善。

第三十四条　本制度自××年×月×日起执行，同时废止原《固定资产管理制度》

××公司

××年×月×日

图4-2　固定资产管理制度

4.1.2 定期组织财务人员进行资产盘点

资产盘点一般指实物资产的盘点，本节主要介绍固定资产盘点，以确定各种固定资产在一定时期内的实存数。具体的盘点工作包括盘点单查询和录入，制作盘盈、盘亏明细表以及汇总盘点结果等。

总经理要在盘点工作开展之前，先对固定资产盘点工作进行具体安排，然后对相关部门提交的固定资产盘点工作计划进行审核、审批，最后对各部门提交的盘点报告进行审核、审批，同时给出相应的备注或实施方案说明。下面来看一个具体的事例。

实例分析

总经理要做好资产盘点工作安排

某公司是广州的一家农用机械生产企业，生产经营过程中会涉及很多价值较高的固定资产。为了加强公司的固定资产管理，了解现有固定资产的状况，总经理张某根据“关于全面清查公司固定资产的决定”，决定进行一次全面的清查盘点，同时做了如下工作安排。

1. 提出此次清查盘点工作的目标是全面清查、彻底摸清公司的家底，发现固定资产管理中存在的问题，找出解决问题的办法，提高固定资产管理的水平。

2. 明确此次固定资产清查盘点的具体内容是核实各项固定资产。

3. 确定此次清查盘点工作的基准日为 2020 年 5 月 4 日。当日要对账内或账外存在的固定资产进行全面的盘点，而 5 月 4 日以后新增的财产不进行盘点。

4. 规定此次盘点工作的程序和具体要求。首先是以盘点基准日为时点，核实与固定资产相关的账务，列出待盘点的固定资产清单；然后实地盘点各项固定资产的实有数，将盘点的情况记录在财务部提供的“固定资产盘点表”上，各固定资产使用部门负责人核实后签字确认，参加盘点的其他人员也要在盘点表上签字并注明盘点时间。

5. 规定对有账无物的盘亏的固定资产，盘点人员要在“固定资产盘点表”的“备注”栏中注明，并由固定资产使用部门另外填写“固定资产盘亏损失专项说明”，说明有账无物的固定资产情况，由部门负责人签字。规定对有物无账的盘盈的固定资产，盘点人员要在空白的“固定资产盘点表”上另外登记，并取得固定资产使用部门对盘盈固定资产的书面情况说明。规定对已毁损、待报废的固定资产，盘点人员要在“固定资产盘点表”的“备注”栏中注明，并由固定资产使用部门另外填写“固定资产报废、毁损专项说明”，由部门负责人签字，经技术鉴定后，按规定的程序进行处理。

6. 要求财务部负责人对固定资产盘点的结果进行整理、汇总并形成盘点报告，对盘点工作中发现的盘盈、盘亏等情况进行原因分析、披露问题，提出处理意见，提交公司领导进行处理。经总经理办公会或公司董事会审批后，进行相关处理。财务部进行会计账务处理。

7. 确定盘点工作小组人员的安排情况：在公司固定资产清查盘点领导小组的带领下，由财务部牵头和仓管部及生产部的人员共同组成固定资产清查盘点小组。

8. 规定大致的工作进度，即 × 月 × 日 ~ × 月 × 日形成盘点报告，清查工作结束，工作期限为 × 个月，以及本次盘点工作整体上分为 4 个阶段进行。

①准备阶段（ × 月 × 日 ~ × 月 × 日）：成立固定资产清查盘点工作小组，进行相关文件和表格的准备工作，安排、协调盘点工作。

②盘点阶段（ × 月 × 日 ~ × 月 × 日）：盘点工作小组按财务部提供的固定资产盘点明细表分类、分部门对实物进行盘点，认真做好盘点记录。

③整理阶段（ × 月 × 日 ~ × 月 × 日）：财务部人员根据盘点记录进行整理、汇总，并编制固定资产盘盈、盘亏明细表。

④处理阶段（ × 月 × 日 ~ × 月 × 日）：财务部负责人根据清查汇总结果对公司固定资产管理状况进行分析，形成盘点报告。

9. 其他。各盘点工作小组人员在盘点工作期间，要全力以赴做好盘点工作，对工作中出现的问题，小组负责人要及时向公司盘点领导小组汇报，不能影响盘点工作的整体进度。公司的固定资产清查盘点领导小组要经常对盘点工作小组的工作进度进行检查。

4.1.3 做好资产评估才能更好地管理资产

资产评估是由专门的机构和人员依据国家规定和有关资料，在特定目的下遵循适用的原则和标准，按照法定程序并运用科学的方法对资产进行评定和估价的过程。注意，资产评估并不是总经理要做的事，总经理和管理者只需要安排公司员工执行资产评估，并通过了解资产评估结果来掌握公司的资产情况。下面来看看在资产评估这件事中总经理要做些什么。

实例分析

在资产评估工作中总经理要起到好的带头和组织作用

某公司是一家棉被生产企业，由于公司决定转型，所以打算对所有资产进行评估。于是总经理和其他管理者一起向某专业的评估机构提出了委托，而该机构在接受委托后就立即成立了评估项目工作组，并根据评估目的、对象、范围和基准日，拟定了评估工作方案。

总经理督促公司的相关人员填报资产和负债清查评估明细表，同时做好下一步资产清查工作的接待安排。提前要求公司的技术人员、管理人员和操作者等配合资产评估人员的工作，通知公司的相关责任人准备好产权证明文件、设备购置合同、发票以及有关往来账目等财会资料，供评估人员进行评估工作使用。

总经理要组织公司内部相关人员与评估人员就本次资产评估结果开会，同时交换意见，然后接受评估机构提交的正式资产评估报告书。

上述案例中提到了总经理在资产评估过程中要组织开会并通知公司相关员工配合资产评估机构进行评估，除此之外，总经理还应事先了解资产评估的收费标准，尽可能地帮助公司减少评估成本。

为了给各地制定具体的评估收费标准提供参考依据，我国相关机构提出了资产评估收费水平的测算标准，分为以下两种方式。

◆ 计件收费

计件收费方式下的资产评估收费水平分为 6 档，各档的差额计费率如表 4-2 所示。

表 4-2

档次	计费额度（万元）	差额计费率（‰）
1	100.00 以下（含 100.00）	9.00 ～ 15.00
2	100.00 ～ 1 000.00（含 1 000.00）	3.75 ～ 6.25
3	1 000.00 ～ 5 000.00（含 5 000.00）	1.20 ～ 2.00
4	5 000.00 ～ 10 000.00（含 10 000.00）	0.75 ～ 1.25
5	10 000.00 ～ 100 000.00（含 100 000.00）	0.15 ～ 0.25
6	100 000.00 以上	0.10 ～ 0.20

◆ 计时收费

计时收费方式下的资产评估收费水平分为 4 档，各档计时收费标准如表 4-3 所示。

表 4-3

档次	评估人员职位	收费标准
1	法人代表（首席合伙人）、首席评估师（总评估师）	300.00 ～ 3 000.00 元 / 人? 小时
2	合伙人、部门经理	260.00 ～ 2 600.00 元 / 人? 小时
3	注册评估师	200.00 ～ 2 000.00 元 / 人? 小时
4	助理人员	100.00 ～ 1 000.00 元 / 人? 小时

不同的公司，根据自身经济实力和资产评估合同的约定，“? ”代表的小时数会有不同。

另外，在资产评估人员进行资产评估时，需要公司提供的资料包括基础资料、技术资料、财务资料和其他一些资料，如工商企业法人营业执照和生产许可证、公司简介和章程、公司近 3 年资产负债表和利润表、公司未来 5 年发展规划及公司方的承诺书等。

4.2 资产会贬值，总经理要懂折旧、摊销和清理

作为公司的总经理或者管理者，如果以为将手里的钱变成了一些可触摸、可感受的资产就意味着自己的钱一直在，那就大错特错了。我们用钱购置的固定资产或无形资产其实都会随着时间的流逝而慢慢贬值，这就要求总经理从财务上懂得什么是折旧、摊销和清理。

4.2.1 要知道固定资产折旧的方法与要求

固定资产的折旧方法有很多种，基本上可分为两类，一是直线折旧法（又分为年限平均法和工作量法），二是加速折旧法（又分为年数总和法与双倍余额递减法）。公司应根据固定资产所含的经济利益预期实现的方式选择不同的方法。各方法的具体介绍如下。

- **年限平均法**：是直线折旧法的一种，将固定资产的应计折旧额均匀地分摊到固定资产预定使用寿命的每一年。采用这种方法计算的每期折旧额相等。
- **工作量法**：是直线折旧法的一种，根据实际工作量计算固定资产每期应计提折旧额。用该方法计算的每年折旧额与工作量成正比。
- **年数总和法**：是加速折旧法的一种，将固定资产的原价减去预计净残值后的净额，乘以一个以各年年初固定资产尚可使用年限做分子，以预计使用年限逐年数字之和做分母的逐年递减的分数计算每年折旧额。采用该方法计算的每年折旧额逐次递减。
- **双倍余额递减法**：是加速折旧法的一种，在不考虑固定资产预计净残值的情况下，根据每期起初固定资产原价减去累计折旧后的余额（即固定资产净值）和双倍的直线折旧率，计算固定资产折旧额。注意，用该方法计提折旧时，通常在其折旧年限到期前两年内，将固定资产净值扣除预计净残值后的余额平均分摊折旧。

如表 4-4 所示的是不同方法计提固定资产折旧的计算公式。

表 4-4

方法	计算公式
年限平均法	年折旧率 =（1- 预计净残值率）÷ 预计使用寿命（年）×100% 月折旧率 = 年折旧率 ÷12 月折旧额 = 固定资产原价 × 月折旧率
工作量法	某项固定资产单位工作量折旧额 = 固定资产原价 ×（1- 预计净残值率）÷ 预计总工作量 某项固定资产月折旧额 = 该项固定资产当月工作量 × 单位工作量折旧额
年数总和法	年折旧率 = 尚可使用年限 ÷ 预计使用年限的年数总和 ×100% 预计使用年限的年数总和 = 使用年限 ×（使用年限 +1）÷2 月折旧率 = 年折旧率 ÷12 月折旧额 =（固定资产原价 – 预计净残值）× 月折旧率
双倍余额递减法	年折旧率 =2÷ 预计使用寿命（年）×100% 月折旧率 = 年折旧率 ÷12 月折旧额 = 固定资产净值 × 月折旧率 倒数第二年应计提折旧额 = 最后一年应计提折旧额 =（固定资产价值 – 已计提折旧 – 净残值）÷2

另外，总经理还应明白固定资产在计提折旧时的这些要求：固定资产要按月计提折旧，当月增加的固定资产当月不计提折旧，从下月起计提；当月减少的固定资产当月仍要计提折旧，从下月起停止计提；提足折旧后，无论是否继续使用，均不再计提折旧；提前报废的固定资产不再计提折旧。

4.2.2 不可忽视的无形资产摊销

如果说计算固定资产每期应分摊的成本叫作“折旧”，那么计算无形资产每期应分摊的成本就叫作“摊销”，这一点，总经理和管理者要明白。另外还需知道的是，无形资产的摊销方法应反映与该项无形资产有关的经济利益的预期实现方式，而无法靠确定预期实现方式的，用直线法摊销。

无论是财会人员，还是总经理或管理者，如果对无形资产的认识不够深刻、全面，很容易造成无形资产摊销不准确，可能会出现以下一些问题。

第一，将只有使用权的无形资产作为有所有权的无形资产入账，这会增大无形资产的摊销额。

第二，将增加的没有合法文件证明的无形资产，或已超出法定有效期的无形资产入账，也会增大无形资产的摊销额。

第三，在摊销期限确定后，为了调节相应期间的管理费用而随意更改摊销期限，会影响原本当期无形资产的摊销额。

第四，公司在正常经营期内，擅自将“商誉”这一无形资产作价入账，会增大无形资产的摊销额。因为商誉的作价入账只在公司合并的情况下才会发生。

实例分析

管理者随意变动无形资产摊销期限，人为调节财务成果

某公司是一家中小型广告策划公司，近年来，公司业绩并不理想，但总还是有微薄的利润。为了给公司减轻税负，总经理与其他管理者决定从无形资产的摊销期限入手，将摊销期限缩短，从而增加每期的摊销额，进而增加每期的管理费用，降低利润，减少应纳税所得额。

过了 4 年，税务局的相关工作人员察觉到不对劲，该公司每年几乎未盈利，甚至在亏损，为什么还能坚持发展下去而没有破产倒闭？于是派相关人员去公司查账。

在工作人员的仔细检查下，发现了该公司的作案手法。遂要求补缴相应的税款，并开出罚单。

由此可知，如果总经理和管理者不规范无形资产的摊销规则，或者故意不遵守摊销规则，很容易让公司蒙受额外损失。

4.2.3 了解需要进行固定资产清理的情形

哪些固定资产需要清理？相信很多管理者在公司的经营过程中都为了这个问题而苦恼过。一般来说，固定资产发生如下情形之一的都要进行固定资产清理。

- 因磨损、遭受非常灾害或意外事故而丧失生产能力的固定资产。
- 因陈旧过时而必须淘汰更新的固定资产。
- 出售固定资产也是固定资产清理的一种方式。
- 固定资产报废。
- 资产核销。
- 债务重组。

固定资产清理是对需要被清理的固定资产所办理的鉴定、报废、核销和处理残值等工作的总称。固定资产经技术鉴定和经济评估，确认应予报废而转入清理，即表明该项固定资产退出公司的生产经营过程，原固定资产的账面价值相应减少。下面来看一个关于固定资产清理的例子。

实例分析

固定资产清理的结果要反映在账上

某公司的某项固定资产的原值为45 000.00元，累计折旧为19 500.00元，因自然灾害造成毁损。在清理过程中出售了残料，收取价款2 250.00元。另外，用银行存款支付了清理费用750.00元，收取保险公司赔偿款21 000.00元。相关会计分录如下。

1. 清理并注销固定资产原值和累计折旧

借：固定资产清理　　　　25 500.00
　　累计折旧　　　　　　19 500.00
　　贷：固定资产　　　　　45 000.00

2. 支付清理费用

借：固定资产清理　　750.00
　　贷：银行存款　　750.00

3. 收取残料价款

借：银行存款　　2 250.00
　　贷：固定资产清理　　2 250.00

4. 结转应收保险公司赔偿款

借：其他应收款　　21 000.00
　　贷：固定资产清理　　21 000.00

5. 结转固定资产清理净损益

固定资产清理的净损失 =（25 500.00+750.00）−2 250.00−21 000.00= 3 000.00（元）

借：营业外支出　　3 000.00
　　贷：固定资产清理　　3 000.00

由上述案例可看出，固定资产的清理工作并不简单。几乎每个环节都会涉及“固定资产清理”这一会计科目。不同的固定资产清理情形，会产生不同的会计过程和会计分录。总经理一定要监督好公司的财务部门做好固定资产的清理工作。

小贴士 *总经理要对新增资产心里有数*

公司新购进了什么设备？新建了什么建筑物或生产线？新开发了什么专利技术？这些总经理都需要做到心里有数。每个公司内部的固定资产、无形资产不计其数，要让总经理一台一台、一件一件、一项一项地记清楚是不可能的，但对新购进、新建造的固定资产，或新研发的专利技术等要清楚，这样才能在预估公司的资产总价值时不发生大的偏差。

4.3 存货放着是浪费，卖出去了才能营利

公司在日常经营活动中持有的且以备出售的产成品、处于生产过程中的在产品和在生产过程或提供劳务过程中耗用的材料或物料等，均属于存货。存货如果一直积压在仓库中而未出库，则无法发挥其价值，公司也不能赢利。只有当存货离开公司，才能换取收益。

4.3.1 总经理要协助生产部门确定合理存货量

合理存货量也称合理库存，指商业公司保持与正常经营相适应的、具有先进性和可行性的商品库存量。公司库存不能过大或过小，大了占压资金，不利于改善经营管理；小了品种不全、数量不足，容易出现脱销的情况。

正常情况下，库存与销售总额有一定比例，按照该比例确定的平均库存量就是合理存货量。小型批发企业和零售企业根据商品销售任务和周转天数（即进货在途天数）、销售准备天数、商品陈列天数、保险天数和进货间隔天数等计算确定的商品库存量可以是最高库存量，也可以是最低库存量，而介于两者之间的平均库存量就是这些企业取用的合理存货量。下面来看一个具体的例子，了解总经理协助生产部门确定合理存货量的过程。

实例分析

通知并协助生产部门确定合理存货量

某公司主营家具生产，近期销售订单较多，为了避免发生脱销情况，公司总经理召开紧急会议，要求生产部门提前做好合理库存量的准备。

会议结束后，生产部门负责人与各生产小组组长根据以下计算公式核算出了近期生产目标下的合理库存量为630件。

合理库存量 = 紧急订货所需天数 × 每天的使用量

或者，合理库存量 =（最高库存量 + 最低库存量）÷2，其中，

最高库存量 = 最高日生产量 × 最短交付天数 + 安全系数 / 天

最低库存量 = 最低日生产量 × 最长交付天数 + 安全系数 / 天

生产部门负责人将最终确定的合理库存量及相应的计算依据呈交给总经理，总经理看过后，确认没有问题，合理库存量审核通过。

实际经营过程中，公司应根据自身情况选择恰当的计算公式来确定自身的合理库存量，切忌盲目沿用其他公司确定合理存货量的方法。

4.3.2 了解企业发出存货的成本计量方法

可能有很多总经理都不知道，公司的存货在发出时计价方法不同，会影响存货的成本确认，进而影响公司的利润。因此，总经理和相关的管理者也要了解发出存货的计价方法，从而更好地控制成本。

- **先进先出法**：先入库的存货先发出，确定成本的流转顺序。
- **后进先出法**：后入库的存货先发出，确定成本的流转顺序。
- **加权平均法**：以本月全部收入数量与月初存货数量之和为权数（即分子），去除本月全部收货成本与月初存货成本之和（分母），先核算本月存货的加权平均单位成本，再计算本月发出存货成本和月末库存存货成本。
- **移动平均法**：在月初存货的基础上，每入库一批存货都要根据新的库存数量和总成本重新计算一个新的加权平均单价，并据以计算发出存货及结存存货实际成本。
- **个别计价法**：假定存货的成本流转与实物流转一致，按各种存货逐一辨认各批发出存货和期末存货所属的购进批次或生产批别，分别按其购入或生产时所确定的单位成本计算各批发出存货和期末存货的成本。

看到这儿，有些总经理可能还是无法体会发出存货计价方法带来的成本确认差异，下面我们通过对比案例来了解。

实例分析

先进先出法与后进先出法的库存商品发出成本对比

某公司是一家商贸公司，2020 年 5 月，B 商品的购进、发出和结存明细如表 4–5 所示。

表 4–5　　单位：元、件

2020 年		编号	摘要	入库			发出			结存		
月	日			数量	单价	金额	数量	单价	金额	数量	单价	金额
5	1		期初结存							200	60.00	12 000.00
5	5		购进	500	66.00	33 000.00				700		
5	7		发出				400	①	②	300		③
5	16		购进	600	70.00	42 000.00				900		
5	18		发出				800	④	⑤	100		⑥
5	27		购进	500	68.00	34 000.00				600		
5	29		发出				300	⑦	⑧	300		⑨
5	30		期末结存	1 600		109 000.00	1 500			300		

1. 如果用先进先出法计算，则 2020 年 5 月 7 日发出的 400 件 B 商品中，单价包括 60.00 元和 66.00 元，即①栏中填写 60.00 和 66.00。那么：

5 月 7 日发出 400 件商品的成本 =200×60.00+200×66.00=25 200.00（元）

5 月 7 日结存 300 件商品的成本 =300×66.00=19 800.00（元）

即②栏中填写 25 200.00，③栏中填写 19 800.00。

如果用后进先出法计算，则 2020 年 5 月 7 日发出的 400 件 B 商品中，单价只是 66.00 元，即①栏中填写 66.00。那么：

5 月 7 日发出 400 件商品的成本 =400×66.00=26 400.00（元）

5 月 7 日结存 300 件商品的成本 =100×66.00+200×60.00=18 600.00（元）

即②栏中填写 26 400.00，③栏中填写 18 600.00。

2. 如果用先进先出法计算，则 2020 年 5 月 18 日发出的 800 件 B 商品中，单价包括 66.00 元和 70.00 元，即④栏中填写 66.00 和 70.00。那么：

5 月 18 日发出 800 件商品的成本 =300×66.00+500×70.00=54 800.00（元）

5 月 18 日结存 100 件商品的成本 =100×70.00=7 000.00（元）

即⑤栏中填写 54 800.00，⑥栏中填写 7 000.00。

如果用后进先出法计算，则 2020 年 5 月 18 日发出的 800 件 B 商品中，单价包括 70.00 元、66.00 元和 60.00 元，即④栏中填写 70.00、66.00 和 60.00。那么：

5 月 18 日发出 800 件商品的成本 =600×70.00+100×66.00+100×60.00=54 600.00（元），5 月 18 日结存 100 件商品的成本 =100×60.00=6 000.00（元）

即⑤栏中填写 54 600.00，⑥栏中填写 6 000.00。

3. 如果用先进先出法计算，则 2020 年 5 月 29 日发出的 300 件 B 商品中，单价包括 70.00 元和 68.00 元，即⑦栏中填写 70.00 和 68.00。那么：

5 月 29 日发出 300 件商品的成本 =100×70.00+200×68.00=20 600.00（元）

5 月 29 日结存 300 件商品的成本 =300×68.00=20 400.00（元）

即⑧栏中填写 20 600.00，⑨栏中填写 20 400.00。

如果用后进先出法计算，则 2020 年 5 月 29 日发出的 300 件 B 商品中，单价只有 68.00 元，即⑦栏中填写 68.00。那么：

5 月 29 日发出 300 件商品的成本 =300×68.00=20 400.00（元）

5 月 29 日结存 300 件商品的成本 =200×68.00+100×60.00=19 600.00（元）

即⑧栏中填写 20 400.00，⑨栏中填写 19 600.00。

也就是说，如果用先进先出法计算库存商品的发出成本，则 5 月的发出成本总额为：25 200.00+54 800.00+20 600.00=100 600.00（元），结存成本为 20 400.00 元。如果用后进先出法计算库存商品的发出成本，则 5 月的发出成本总额为：26 400.00+54 600.00+20 400.00=101 400.00（元），结存成本为 19 600.00 元。

采用的存货发出计价方法不同，最终核算出的主营业务成本就会不同，相应地就会影响当月的营业利润。

4.3.3 督促财会人员做好存货跌价准备的核算

公司在经营过程中，难免会遇到存货遭受毁损、全部或部分陈旧过时，或者销售价格低于成本使存货成本不能全部收回的情况。此时为了对存货跌价的部分进行稳妥的处理，就需要借助“存货跌价准备”这一会计科目。

那么，是不是所有的存货都需要进行存货跌价准备的核算呢？并不是。存货是否需要计提跌价准备，关键在于存货的所有权是否属于本公司、存货是否处于加工或使用状态。如下所示的两种存货无须计提存货跌价准备。

- 所有权不属于本公司的所有存货，如受托代销商品。
- 处于加工或使用过程中的存货，如委托加工物资、在产品（实物形态及数量不易确定）和在用低值易耗品（价值低、已摊入成本）等。

为了更好地控制成本，总经理需要了解，当存在下列情况之一时，应计提存货跌价准备。

- 商品的市价持续下跌，且在可预见的未来无回升的希望。
- 公司使用某项原材料生产的产品的成本大于产品的销售价格。
- 公司因产品更新换代，原有库存原材料已不适合新产品的需要，而该原材料的市场价格又低于其账面成本。
- 因公司提供的商品或劳务过时，或消费者偏好改变而使市场需求发生变化，导致市场价格逐渐下跌。
- 其他足以证明该项存货实质上已经发生减值的情形。

了解了以上关于存货跌价准备的知识后，总经理在抽查财务部门关于存货跌价准备的账务处理工作时，会更加清楚明白，同时也起到督促作用。

4.4 总经理学习存货管理，做好确认计量

确认计量是会计术语，是会计确认和会计计量的合称。不仅是对存货，对资产、负债、现金、费用和成本等都有确认计量之说。确认存货指依据一定的标准，辨认与存货相关的数据哪些需要输入、何时输入会计信息系统，以及如何进行报告的过程；计量存货指用货币或其他量度单位计量与存货相关的经济业务及其结果的过程。

4.4.1 存货按照经济内容分类有 7 种

公司总经理了解存货的种类，在查账工作中更容易发现问题，进而做出及时、准确的处理决策。一般来说，按照经济内容的不同，可分为如表 4-6 所示的 7 种存货。

表 4-6

种类	含义
原材料	公司在生产过程中经加工改变其形态或性质，并构成产成品主要实体的各种原料、主要材料、辅助材料、燃料、修理用备料和包装材料等
在产品	在公司尚未加工完成，需要进一步加工且正在加工的在制品
半成品	公司已完成一定生产过程的加工任务，已验收合格入库，但需要进一步加工的中间产品
产成品	公司已完成全部生产过程并验收合格入库，可按照合同规定的条件送交订货单位，或可作为商品对外销售的产品
商品	商品流通企业外购或委托加工完成并验收入库，用于销售的各种产品
周转材料	公司能够多次使用、逐渐转移其价值而仍保持原有形态，不确认为固定资产的材料，如包装物和低值易耗品
委托代销商品	公司委托其他单位代销的商品

4.4.2 总经理要明白什么是从计量角度确认存货

上一小节中提到的 7 种存货是从理论的角度解释什么是存货，而在实际财务工作中，什么样的存货才确认为公司的存货呢？为了方便以后的查账工作，总经理和相关管理者也要明白什么是从计量角度确认存货。

一项货物是否确认为公司的存货，关键是看该货物的法定产权是否属于公司，即在资产负债表日，法定产权属于公司的货物无论其存放在哪里或是出于哪种状态，都应确认为公司的存货；反之，法定产权不属于公司的货物，即使其存放在公司，也不能确认为公司的存货。下列各项存货从计量的角度确认为公司的存货。

- 已确认为购进但尚未到达入库的在途存货。
- 已入库但尚未收到有关结算单据的存货。
- 已发出但所有权尚未转移的存货。

◆ 委托其他单位代销或代加工的存货。

另外，从计量角度确认存货时，应同时满足这两个条件：第一，与存货有关的经济利益很可能流入公司；第二，与存货有关的成本能够可靠计量。也就是说，即使某存货从理论上可以确定为存货，但如果从计量的角度考量，有可能就不能确认为公司的存货。

4.4.3 存货管理中有哪些舞弊行为

为了快速有效地找到存货管理中存在的问题，总经理有必要了解存货管理中常见的舞弊行为。

1. 随意变更存货的计价方法

根据会计制度规定，公司可根据自身需要选用制度中规定的存货计价方法，但方法一经确定，年度内不能随意变更。但在实际工作中，许多公司都存在随意变更计价方法的问题，造成会计指标前后各期口径不一致，人为调节生产或销售成本，调节当期利润。

实例分析

变更存货的计价方法，人为提高经济效益

多年来，P 公司一直采用后进先出法计算确定各期发出的木材实际成本。但近期木材价格猛涨，这就使公司发出的木材实际成本大幅上涨，经济效益明显下降。为了改变这一局面，采取了很多措施，其中还有一些不正当手段，即在年度内将发出木材的成本计价方法从后进先出法改为先进先出法。截至 2019 年 6 月底，在后进先出法下核算出的木材账面结存 80 立方米，单位成本为 180.00 元 / 立方米，余额为 14 400.00 元。

已知公司 2019 年下半年购进 2 400 平方米木材，金额 912 800.00 元。其中 7 月购进 1 360 平方米，单位成本 350.00 元 / 平方米，金额 476 000.00 元；

10 月购进 1 040 平方米，单位成本 420.00 元 / 平方米，金额 436 800.00 元。木材的价值一直在涨，如果公司继续采用后进先出法，则后购进的木材更贵，发出时确认的成本会更高，但改用先进先出法计算后，此时先发出先购进的木材，成本会比原来少，进而提高利润。

2. 账外小金库

为了给公司员工提供额外的收入，或者发生一些非法支出，有些公司会设置账外小金库，将账内的部分物资材料转移到账外，不参与生产经营活动，以此作为可随时调用的物资库。具体做法有如下 6 种。

- 购进的存货不通过“原材料”和“库存商品”等科目核算，而是直接确认为生产费用、成本或待摊费用。
- 领用的材料未使用或未全部使用，但将全部材料对应的成本计入成本费用，不做退料处理，或返回仓库却不记账，由此产生大量的账外物资。
- 生产过程中形成的边、角、废料没有按规定入账。
- 盘盈或接受捐赠的物资不按规定入账。
- 自产自用的材料不入账。
- 在委托加工业务中发出的原材料有余料退回，余料不入账。

【例】某公司的生产部门从仓管部门领用材料，虽然领用时按规定填制了领料单，有时领用的材料没有用完，甚至实际上没有使用，不仅仓管部门没有填制退料单，连财会部门都未进行单据审查，直接凭借领料单做账，确认成本费用。这样就形成了大量的账外物资，公司再将这些物资卖出去并取得货款，形成账外“小金库”，用来给员工发放额外福利。

3. 虚报存货损失，中饱私囊

有些公司的仓管人员利用职务之便，勾结生产车间的员工更改材料账目，从而盗取公司的物资。还有的直接虚报和夸大生产过程中的材料损失，从而贪污虚报的部分，甚至有些仓管人员用假的发料单或生产人员用假的领料单盗取公司物资，从而转移出售，获取收益。

【例】2020 年 4 月，某公司在进行存货清查时发现了这样的舞弊行为：领料员填写领料单，不经车间领导审批就直接去仓库领料，而仓管员不按规定审核领料单就签字发料，财会人员也不审核领料单记录的经济业务是否合理、正确就直接做账，使得领料单中虚报的部分也计入了公司的生产成本和制造费用中，而多出实际耗用的那部分材料就收入这些人的口袋中。

4. 以物易物

我国税法和相关准则规定，公司之间的生产资料交换行为应视同销售，需分别做销售、购进处理，同时计算增值税销项税额和进项税额。但有的公司在发生这样的经济业务时就不做账，从而隐瞒收入、利润，偷逃税款。

【例】2020 年 4 月，某汽车生产商用公司生产的汽车交换某机床厂商生产的机床，公司之间回避了差价问题，且财会人员也没有按规定做账。

5. 存货假出库，虚列成本费用

实务中，有些公司会办理材料假出库手续，虚列材料费用，从而提高产品成本。这样一来可以虚减利润，进而偷逃企业所得税。

【例】2020 年 4 月 24 日，车间生产人员办理假领料手续，填制了领料单但没有实际领用材料。车间的成本核算员却以领用材料进行车间维修的名义填写领料单上材料的用途，从而使财会人员进行了生产成本和制造费用的账务处理。年终在分配产品成本时，又人为调增完工产品的成本，同时调减在产品成本，从而虚增公司当期的销售成本，虚减营业利润。

6. 人为提高材料成本差异率

有些公司在核算当期利润时，发现超过了预期可实现的利润额，形成超额利润，为了控制这部分超额利润，就会采取不正当手段，如隐匿收入、虚增成本等。实务中，一般在采用计划成本法核算材料成本时，人为提高材料的成本差异率，从而多核算材料成本差异，增加成本的账面数额。

【例】某公司 2019 年全年生产产品领用的原材料计划成本每月 250.00 万元，每月运材料成本差异率在 9.5% ~ 12.8%。而做账人员人为地将每月的材料成本差异率提高了 1.5%，使得公司全年可以多核算出材料成本差异 45.00 万元左右，从而虚增成本，降低利润，偷逃企业所得税。

7. 任意核算在产品完工程度，调整完工产品成本

公司为了调节当期利润，常在分配完工产品成本和在产品成本上做文章，如故意多折合或少折合月末在产品的约当产量，提高或降低在产品的加工程度等，从而调节生产费用在产品和完工产品之间的分配。

【例】2020 年 4 月，某公司发生生产费用 225.00 万元，当月完工产品 70 台，在产品 30 台，且完工程度为 80%。为了增加产品销售成本，企业将在产品的完工程度人为调整为 60%，使在产品约当产量减少，进而减少在产品应分摊的生产费用，增加完工产品应分摊的部分，虚增产品成本，降低当期营业利润，从而达到偷逃税款的目的。

诸如此类的存货管理舞弊行为还有其他一些，为了防止公司卷入偷逃税款的犯罪案件中，总经理和管理者一定要及时发现公司存货管理中存在的漏洞，找出问题并提出应对措施。可从以下 3 个方面来加强存货管理。

- **平时多关注存货项目的明细资料：**如存货的产成品、自制半成品、原材料、在产品和低值易耗品之间的比例关系。各类存货的明细资料和存货重大变动的解释，均应在报表中披露。如果产成品大量增加而其他项目减少，很可能是销售不畅或放慢了生产速度。
- **看存货总量：**存货中的在产品或产成品大幅度增加时，应先判断固定资产是否有大幅度投资增长，或增设了匹配数量的分支机构，且营业收入也会有大幅度的增加，若不是，则可能存在存货积压。
- **重视存货跌价准备的计提工作：**计提存货跌价准备时会涉及估价，这就存在较强的人为主观性，会提供一定的利润操作空间。

总经理

财务管理实操手册

5

学管控成本、费用和薪酬，明白钱去哪儿了

作为公司的总经理，不仅要知道公司的资产和收入状况，还要了解成本、费用和薪酬等开支状况，有进有出，公司才能向前发展。如果在经营过程中开支超过了收入，管理者就要提高警惕了，公司很可能会面临资金周转问题。因此，总经理和管理者要学会管控公司经营中的成本、费用和薪酬。

财务工作中会涉及的成本种类

总经理要协助制定目标成本

学会抑制较大的成本开支

严格控制公司的业务招待费支出

做好其他一些费用的控制

在经营过程中不断完善薪酬激励制度

……

5.1 总经理熟悉各项成本，了解企业的大开支

任何公司在开展生产经营活动时，都必定会消耗一定的资源，而所谓的“成本”就是这些资源的货币表现形式。如果管理者没有控制好公司的各项成本，最终可能导致资金入不敷出，公司无法继续经营下去。

5.1.1 财务工作中会涉及的成本种类

公司借助“成本”可反映经济活动中“投入”与“产出”的关系，它是衡量公司生产经营管理水平的一项综合指标。成本可以反映公司劳动生产率的高低，原材料和劳动力的消耗状况，设备利用率，生产技术和经营管理水平的高低。

当产品价格不变时，若成本下降，则利润就会提高，公司经济效益就会增加。所以，作为公司的总经理，要了解生产经营的成本情况，首先要知道公司生产经营过程中会涉及哪些成本。常见的财务工作中涉及的成本种类如表 5–1 所示。

表 5-1

分类依据	种类
按经济内容	采购成本、生产成本、基本生产成本、辅助生产成本、销售成本、主营业务成本、其他业务成本等
按形态	变动成本、固定成本
按与产品生产的关系	直接成本、间接成本
按计量单位	单位成本、总成本
按产品成本的构成情况	主要成本、加工成本

5.1.2 总经理要协助制定目标成本

目标成本是指公司在一定时期内为了保证目标利润的实现而设定的一种预计成本，它是成本预测和目标管理方法相结合的产物。总经理和管理者在协助相关部门制定目标成本时，需要考虑如下两点。

- 本公司的经营条件，如设备条件、原材料的供应情况、原本的生产能力和职工素质、技术水平等。
- 公司的外部条件，如市场对公司产品的需求情况，国内外竞争者的成本资料等。

公司对目标成本进行的管理实际上是目标管理的重要组成部分，对目标成本进行管理，可促使公司加强成本核算，并落实经济责任制。目标成本是进行有效成本分析的一种尺度，可用来查明产生成本差异的原因，进而促使总经理及其他管理者更重视一些导致成本管理脱离预期目标的事情。相关工作人员在确定目标成本时，可参考如下计算公式。

产品目标成本 = 预计销售收入 − 目标利润

下面通过一个案例，来清晰地认识总经理该如何协助相关人员制定目标成本。

实例分析

目标成本的制订是目标成本管理的一个阶段

广州某家生产经营电子产品的公司，面对同类产品充斥市场，所以只有关注客户需求，考虑市场对产品的接受程度，依据市场销售价格来制定目标成本，以确保目标利润的实现。

2019 年底，总经理召集各部门负责人开会，明确指出要在当前市场价格的基础上，在公司经营目标（即目标利润）的指导下，运用产品技术和科学管理方法，制定目标成本，同时将各项目标成本指标融入各项业务预算中，使公司做到“先算后花”，强化成本的事前控制。

公司设立了由总经理负责的成本控制室，协调公司各部门的目标成本管理业务，强化目标成本的规划。同时，供应商、采购部、财务部、生产技术部门和质量部门的有关人员也将参与目标成本的规划，优化从供应商到客户的整个过程的成本规划。具体实施过程有如下 4 个阶段。

一、目标成本的设定

由市场部、财务部和成本控制室共同确定目标成本。首先，市场部调查获取客户对产品性能需求和价格需求的信息，进行市场定位，与公司经营管理者充分讨论后确定不同品种产品的目标售价和预测销售量；然后由目标成本控制室根据公司长期的利润目标来决定产品的目标利润；最后依据本量利分析法倒推出目标成本。

目标成本 = 预测销售量 × 目标售价 ×（1− 适用税率）− 目标利润

二、目标成本的分配

设定的目标成本经过公司经营管理者会议研讨并通过可行性分析后，目标成本控制室制定各项统筹费用的成本分配方案，将目标成本按产品设计和生产制造过程逐级分配。具体分配细节根据公司自身情况决定。

三、目标成本的控制

如果是新设计的产品，则需要从产品设计阶段开始控制目标成本，将目标成本分配给产品的性能和技术等要素上。如果不是新设计的产品，或者不需要公司设计的新产品，则可直接从采购环节开始控制目标成本，尽可能让批次采购数量合理化、供应商数量适当；接着就需要在生产阶段进行目标成本控制，提高生产效率，减少质量损失，保持合理存货量。

四、目标成本的考评

公司在每月召开的经营管理者会议上，通过每月财务决算数据，分析上月实际成本与目标成本之间的差异，向全公司推广成本改善的经验；对超过目标成本的情况，积极分析原因，研讨对策，对重大管理过失可适当追究责任。若有必要，可将目标成本考评结果与员工配置、调转和晋升等相结合，作为薪酬调整的参考资料。

5.1.3 学会控制较大的成本开支

相信大多数总经理和管理者都知道，公司经营成本支出较大的项有生产用原材料和员工工资。这些开支是成本控制的核心和关键。

1. 料的控制

通过确定最佳经济订货量来降低公司材料采购成本和库存成本，使其达到最低。另外，要对生产过程中原材料的消耗进行控制，一般通过制定材料消耗定额来达到控制和降低生产成本的目的，即在节约和合理使用材料的条件下，确定生产一单位的合格产品所需消耗的一定品种规格的材料的数量标准，具体实施方法可借鉴如下两种。

- **降低废品率：**提高员工的技术能力，雇佣熟练的、会操作的工人；提高管理者和技术人员重视质量的意识。
- **合理选用原材料和辅助材料：**不能贪小便宜而忽视材料的质量，否则容易发生销售退回，增加不必要的成本开支，得不偿失。

2. 工的控制

人工费用是产品成本构成的重要部分，通常占产品成本的1/3，因此，降低人工费用是抑制较大成本开支的重要手法。具体操作方法也有两种。

- **控制单位人工费：**提高公司劳动产出的效率，对薪酬实行必要的浮动，可使工与资挂钩，通过客观公正的考核来确定工资的数额。比如实行计件工资可鼓励日产量高的员工。另外，通过改善工作环境来降低员工的工作压力，减轻疲劳，提高员工的单位产出。
- **合理选择公司所处的地理位置：**地理位置不同，用人成本会不同。

要控制人工费用，可以从公司的选址角度考虑。既不选大城市，因为用工费高；也不选小城市，因为没有销售市场，可以选择二、三线城市。用工费不会太高，市场拓展空间也大。

5.2 不能小觑各种费用，管不好就会乱套

公司经营过程中，不仅各种各样的成本需要控制，很多费用开支也需要管理得当，否则账务会非常混乱。其中，管理费用是非常杂的一项开支，金额也很大，一般会占公司收入的 10%，甚至更多。因此，总经理要在管控费用的工作中起好带头作用。

5.2.1 严格控制公司的业务招待费支出

公司为了生产、经营业务的合理需要而支付的应酬费用称为业务招待费，是进行正常经营活动必需的一项成本费用。由于其直接受国家税收的影响，所以需要严格控制该项费用的支出力度。

业务招待费大多与公司的总经理及其他管理者有关，因此，为了公司着想，总经理要清楚了解业务招待费的确认范围。在税务执法实践中，业务招待费的具体范围有以下 4 项。

- 因公司生产经营需要而宴请或提供工作餐的开支。
- 因公司生产经营需要赠送纪念品的开支。
- 因公司生产经营需要而发生的旅游景点参观费、交通费及其他费用的开支。
- 因公司生产经营需要而发生的业务关系人员的差旅费开支。

税法规定，公司应严格区分业务招待费和会议费，不得将业务招待费

计入会议费进行核算。在业务招待费核算中，要按规定的科目进行归集，如果将属于业务招待费性质的支出隐藏在其他科目中，则不允许列为税前扣除项目。

小贴士 *业务招待费的其他注意事项*

如果是外购礼品用于赠送，其开支应作为业务招待费，但如果礼品是公司（纳税人）自行生产或经过委托加工并用于赠送，这对公司的形象、产品有标记和宣传作用，其开支可作为广告宣传费。另外，要严格区分给客户的回扣、贿赂等非法支出，这些开支不能作为业务招待费，也就不能享受税前扣除，而应直接做纳税调整，调增企业的应纳税所得额。与公司生产经营活动无关的职工福利、奖励、支付给个人的劳务支出以及为公司销售产品而产生的佣金等，不得作为业务招待费。

由此可见，总经理要起带头作用，严格控制公司的业务招待费支出。下面来看一个具体的例子。

实例分析

混淆业务招待费和会务费，企图增加税前扣除数额

某公司的主营业务是手机壳生产，包括不同类型和品牌的手机壳。为了及时了解客户对手机壳的需求，公司每年都会开展两次产品沟通会，主要是组织重要的客户到经营地附近的旅游景点休息、娱乐和开会。在最近产品沟通会的相关报告中提到，该产品沟通会为期 3 天，公司总经理和部分管理人员参加，同时邀请了一部分重要客户。财会人员收到了某酒店开具的服务业发票，并据以登账。已知此次沟通会共发生费用 76.00 万元，而财会人员直接将这笔开支计入“管理费用——会务费”科目。

在缴纳税款时，税务机关要求公司提供更详细的会议资料，包括会议的具体内容、与酒店签订的合同等。在税务机关审核相关资料后发现，所谓的产品沟通会实际上只有半天，其余时间都是娱乐活动，而费用中大多数都是这些娱乐活动产生的。于是税务机关只准予公司将酒店提供的清单中的酒店会议室租赁费 1.00 万元作为会务费进行列支，其他全部费用均调整为业务招待费。

公司发生的会务费可以在税前列支，且税法中没有规定最高限额，如果像上述案例中的公司这样处理，将本应确认为业务招待费的开支确认为会务费，则能在税前扣除的额度就会增大，进而少缴税款。

5.2.2 总经理要善于发现制造费用的“猫腻”

制造费用是公司为了生产产品和提供劳务而发生的各项间接费用，包括生产部门发生的水电费、固定资产折旧、无形资产摊销、管理人员的职工薪酬和劳动保护费等。注意，上述费用中除了固定资产折旧外，如果不是生产部门发生的，将不得计入制造费用，可以计入管理费用或销售费用。

制造费用之所以存在“猫腻”，是因为该费用的归集问题比较复杂。“制造费用”账户应按不同的生产单位设立明细账，账内还要按照费用项目设立专栏或专户。另外，公司的辅助生产车间如果只生产单一品种的产品或提供一种劳务，且制造费用数额较小，为了减少该账户的转账手续，对辅助生产车间发生的各项制造费用可不通过“制造费用”账户核算，而直接计入“辅助生产成本”账户。

总经理和管理者要想及时发现制造费用存在的“猫腻”，首先要明确可以归集为制造费用的各种费用开支。虽然各个公司的制造费用项目会比较多，但均可从如表 5-2 所示的几大类来进行归集。

表 5-2

类别	具体费用项目
间接材料费	指公司生产部门或生产车间在生产过程中耗用的且不能或无法归入某一特定产品的材料费用，如机器耗用的润滑油和维修时用到的小配件等。一般根据相关的费用分配表的记录将这类材料费用计入制造费用的总账和明细账中

续上表

类别	具体费用项目
间接人工费	指不直接参与产品生产或其他不能归入直接人工的生产部门或生产车间的员工的薪酬，如车间管理人员工资、修理工人工资等。一般根据相关费用分配表的记录确定间接人工费用，并计入制造费用的明细账
固定资产折旧费	指固定资产在使用过程中因为自然耗损而转移到成本费用中的那部分价值。固定资产的折旧费需要根据不同的部门归集到不同的费用中，只有生产车间的固定资产折旧费计入制造费用。企业需要按月编制各部门固定资产折旧情况明细表，最终形成《折旧费用分配表》，财会人员需根据该费用分配表登记制造费用的总账和明细账
低值易耗品	指不确认为固定资产进行核算的各种劳动工具或手段，如刀具、夹具、模具、专用模具、储存商品的木桶、瓷缸、劳动保护用的安全帽、工作服、各种防护工具和文件柜等。选用不同的摊销方法摊销其成本时，其具体处理方式是不同的，采用一次摊销法的，领用的低值易耗品的价值可与领用的其他材料一起汇总编制《材料费用分配表》，并直接归集到制造费用中；采用分次摊销法时，领用的低值易耗品价值要在其使用期限内分月摊销归集到制造费用中
生产部门的其他支出	指除间接材料费、间接人工费、固定资产折旧费和低值易耗品摊销费等以外的其他支出，如生产部门发生的水电费、差旅费、办公费、设计制图费和劳动保护费等。这些支出一般以银行存款或现金直接支付，与生产活动无直接关系，发生时根据原始凭证计入制造费用的总账和明细账

总经理和管理者可从上表中的归集类别出发，检查制造费用是否存在舞弊行为。

- 一般来说，制造费用期末没有余额，如果有，就需要总经理提高警惕，查明有余额的原因。如果原因不合理，说明存在“猫腻”。如果公司采用按年度计划分配率分配法，则制造费用明细账和与之相关联的制造费用总账科目都有可能有余额，且可能是借方余额，也可能是贷方余额。
- 查看记账凭证，发现有“库存现金”科目与“制造费用”科目在同一张记账凭证上时，要留心，很有可能是公司发生了套取现金用于招待费支出的舞弊行为。具体可以看下面这一案例。

实例分析

套取现金用于招待费支出，以“制造费用”掩盖舞弊行为

某石灰厂2019年按照规定应列支的全年业务招待费共36.00万元，但是在年度6月底时，财会人员统计出的业务招待费实际支出数额已经达到了32.14万元。为了使公司的业务招待费控制在规定的范围内，厂领导和厂里的财会人员一起开会商定，以“报销劳动保护用品”的名义，套取现金，再将该部分现金用于业务招待费支出。与此同时，公司相关人员再从劳保用品店处获得一张空白发票，而公司财会人员自行在空白发票上填写了相应的数据，金额为12.86万元，再以该伪造的发票填制凭证。

借：制造费用　　　　128 600.00

　　贷：库存现金　　　　128 600.00

以此操作来控制公司的业务招待费。

能够帮助总经理或管理者发现公司制造费用存在问题的方法还有很多，这就需要在日常管理工作中多积累经验，为公司找到合适的方法。

5.2.3 计提各部门员工薪酬时要先计入对应的费用

很多公司的总经理可能会因为没有真正参与做账，而认为公司员工的薪酬都会从一开始就计入“应付职工薪酬”。事实并非如此，在权责发生制这一会计核算原则下，很多业务的发生、账的确认以及钱的支出，并非在同一时间，这就会涉及计提、确认和结转等账务处理。

员工的薪酬也不例外，其账务处理一般要分为计提阶段和支付阶段。而在计提阶段，需要根据员工提供服务的受益对象，将其薪酬归集到对应的费用类科目及其他相关科目。

第一，生产部门人员的职工薪酬，应归集到生产成本、制造费用或劳务成本中。其中，生产部门的生产工人职工薪酬归集到生产成本，生产部门的管理人员职工薪酬归集到制造费用，生产部门的维修及搬运工人职工薪酬归集为劳务成本，会计分录如下。

借：生产成本 / 制造费用 / 劳务成本

　　贷：应付职工薪酬

第二，管理部门人员的职工薪酬，应归集到管理费用中。另外，因解除与员工的劳动关系而给予的补偿，也应归集为管理费用，会计分录如下。

借：管理费用

　　贷：应付职工薪酬

第三，销售部门人员的职工薪酬，应归集到销售费用中，会计分录如下。

借：销售费用

　　贷：应付职工薪酬

第四，在建工程、研发支出负担的职工薪酬，应归集到在建工程或研发支出中，会计分录如下。

借：在建工程 / 研发支出

　　贷：应付职工薪酬

第五，外商投资企业按规定从净利润中提取的职工奖励及福利基金，应归集到利润分配的相关明细科目中，会计分录如下。

借：利润分配——提取的职工奖励及福利基金

　　贷：应付职工薪酬

在计提上述职工薪酬时，可合并编制一个会计分录。而在支付这些“应付职工薪酬”阶段，一般以银行存款付清，金额不大时可能也会用库存现金付清，相关会计分录如下。

借：应付职工薪酬

　　贷：银行存款 / 库存现金

来看看下面这个案例，学习员工薪酬的账务处理过程，明白各种费用科目的使用情况。

实例分析

计提职工薪酬，计入相应费用科目

某公司2020年4月30日核算出所有员工的工资情况，共27.50万元。其中生产工人工资13.75万元，车间管理人员工资45 833.33元，公司其他部门管理人员工资45 833.33元，销售人员工资45 833.34元。2020年5月10日发放工资，代扣社保费22 916.67元，代扣个人所得税16 041.67元。

1.2020年4月30日计提工资。

借：生产成本　　137 500.00
　　制造费用　　45 833.33
　　管理费用　　45 833.33
　　销售费用　　45 833.34
　　贷：应付职工薪酬——工资　　275 000.00

2.2020年5月10日实际发放工资。

借：应付职工薪酬——工资　　275 000.00
　　贷：其他应收款——社保费　　22 916.67
　　　　应交税费——代扣代交个人所得税　　16 041.67
　　　　银行存款　　236 041.66

5.2.4 做好其他一些费用的控制

在总经理和管理者对公司的管理费用进行控制时，首先要做好各项费用开支的预算工作，然后对具体的费用进行针对性的控制。除了前述的一些费用外，还有如表5-3所示的一些费用需要做好管控工作。

表5-3

控制重点	实施细节
水电费	水电费开支可大可小，如果不重视控制，水电浪费情况严重，也会增加公司的经济负担。平时可多提醒员工随手关电，节约用水

续上表

控制重点	实施细节
办公费	行政管理部门在年初拟定办公费用的预算，交由财务部审核，经总经理审批通过后执行。对于计划内的公司办公费用开支，应遵循员工申请→部门经理审核→行政部审核→财务部审核→总经理审核的审批程序；对于计划外的开支，都要报经总经理审批。办公费用一律凭借《办公用品购买申报单》进行申报，审批通过后，发放办公费用时要进行登记
差旅费	从差旅费补助管理和报销流程两方面进行控制，一是制定合理的补助标准，既不委屈出差人员，也不助长出差人员拿着差旅费随意挥霍的气焰，比如出差天数按实际出差在外的天数计算，12:00 前出发的可享受全天补助；12:00 后出发、当日不能到达目的地的，可享受半天补助；12:00 后出发、当日可到达目的地并住宿的，可享受全天补助。二是规范报销流程，一般规定公司员工出差返回后 3 个工作日内报账，具体可根据公司自身情况而定，先从财务部领取差旅费报销单，然后粘贴原始发票或收据，交由主管部门经理审签和财务部门审核，接着送交总经理审批，最后交由出纳人员核对、报销
业务招待费、董事会费等	比如租用会议场所费用、会议资料费、茶水费、餐费以及开展业务发生的烟、酒和礼品等费用支出，这些费用的弹性大，可压缩的空间就大，根据事务的具体情况进行适当控制，能节省的不浪费，能简单的不复杂，能普通的不奢侈

总经理和管理者在对上表中列示的这些费用开支进行控制时，要从日常经营的点滴事务着手。

5.3 管好职工薪酬，总经理才能管好人与财

职工薪酬是公司经营过程中除原材料采购以外的另一项大开支。它是公司为了获得职工提供的服务而给予的各种形式的报酬，有时也把公司为了解除与职工的劳动关系而给予的补偿称为职工薪酬。

5.3.1 总经理要学会及时调整薪酬制度

薪酬制度一般是公司在成立之初，由公司创办人、总经理或合伙人等制定的，并且在薪酬制度中会列明薪酬调整的相关问题。如图 5–1 所示的是某公司薪酬管理制度中关于薪酬调整的内容。

第四章　薪酬调整

第十一条 新进人员工资标准确定

对考核录用的新进员工，由总经理、副总经理按营销类或非营销类员工确定其岗位薪酬标准，在试用期内，按其岗位薪酬标准的 80%计发试用期工资，试用期满后，经考核合格转正后按其相对应的工资标准发放。

第十二条 薪酬的调整

公司整体薪酬水平随社会平均工资水平的变动和公司效益的变动适当进行调整；员工个人的薪酬水平要随岗位、职务及业绩的变动而作相应的调整。

一、薪酬调整分类

1. 个别调整

员工岗位变动或升职、降职，则工资随岗位变化和级别变动而相应调整。

2. 特别调整

公司对于给公司年度经营目标实现做出突出贡献的员工，可以给予破格晋升职务或薪资等级的奖励；对于违规、违纪、违法，给公司带来重大损失的员工，给予降低职务和薪酬等级的处罚。

二、薪酬调整程序

由部门经理提议，报公司行政人事部考核，分管副总经理审核后报总经理批准执行。公司行政人事部填制《员工异动审批表》申报，经异动员工部门经理、分管副总经理签字后，报公司总经理签字批准。

图 5-1　薪酬制度中的薪酬调整项

在薪酬制度中列明薪酬调整事项，可以为公司以后调整薪酬制度提供标准和参考。通常，公司整体薪酬水平随社会平均工资水平或公司效益等发生变动时，就需要调整整体薪酬制度，内容包括薪酬结构、薪酬等级、薪酬考核和工资发放等项目。当然，有可能因为公司组织结构没有变化而使得薪酬等级无须调整。

总经理和管理者在对薪酬制度进行调整时，可从薪酬结构的基本工资、岗位津贴、加班工资、绩效工资、奖金和福利、薪酬考核以及工资的正常发放、扣减、代扣和延期发放等内容入手。

如果是个别员工的薪酬需要调整，则需要部门经理提议，然后报公司行政人事部考核，接着由副总经理审核，最后报总经理批准执行。

5.3.2 在经营过程中不断完善薪酬激励制度

实施薪酬激励可以调动公司员工的工作积极性，使其潜在的能力发挥出来。薪酬激励是公司激励中最重要、最有效的手段，可以提高经营效率，最终能促进公司发展。所以，总经理和管理者要认真制定薪酬激励制度，并在经营过程中不断完善薪酬激励制度。

一般来说，公司的薪酬激励制度是薪酬制度中的一部分，公司可根据自身实际情况来更改并完善薪酬激励制度。下面就来看一个实际案例，了解该公司完善薪酬激励制度的过程。

实例分析

分析公司当前薪酬激励制度的问题，制定更合理的激励制度

近期，某大型超市的职工流失严重，总经理决定与其他管理者一起开会研讨薪酬激励办法。

首先，会议上大家对当前的薪酬激励制度进行了分析。超市有 4 个部门：销售部、财务部、策划部和综合部，另外还有一些高级管理人员。不同职位的员工采取不同的薪酬分配形式。具体的薪酬体制有两种：技能工资制和提成工资制。

1. 技能工资制

技能工资制针对公司的基层员工，如糕点师、烹饪师和生肉加工处理师傅等，其薪资构成主要有如表 5-4 所示的几点。

表 5-4

薪酬	说明
基本工资	用来保障员工的最低生活水平，平均工资在 800.00 ~ 1 000.00 元 / 月
岗位工资	根据超市岗位的不同性质和责任，将不同职务划分为若干等级，并为不同等级设置对应的岗位工资标准，这部分岗位工资占工资总额的 50% 左右，平均水平在 1 400.00 元 / 月左右

续上表

薪酬	说明
技能工资	针对各等级员工实际具备的学历、技能水平，通过技能等级考核来确定各岗位的技能工资，占工资总额的10%左右，通常是指基本工资以外的技能奖励
年功工资	根据员工在超市的服务时间长短，按一定的比例和计算公式计算得出，每年都会增加。这部分工资约占工资总额的10%

2. 提成工资制

提成工资制主要针对超市的销售员工，工资分为两部分：基本工资和根据销售效益按一定比例提取的奖金或红包。具体情况如表5–5所示。

表5–5

薪酬	说明
基本工资	参照当地最低工资标准的相关规定确定，约占工资总额的50%
效益奖金	根据超市当期的实际营业效益，按一定比例算出各销售员工的效益工资，约占个人工资总额的40%
各种津贴	按照各岗位性质合理发放津贴，约占个人工资总额的10%

然后，总经理和管理者分析了现行薪酬激励制度存在的问题。

1. 岗位决定薪酬，缺乏公平性。

超市将员工分成了“正式工”和“聘用工”，两类员工之间的工资差距很大，忽视员工的工作能力，缺乏公平和激励。

2. 薪酬结构较简单，不易调动员工工作积极性。

由于薪酬结构比较简单，导致岗位工资的差异不明显。绩效考核的标准、考核的执行等都不明确，无法使绩效工资发挥激励作用，更无法体现奖优罚劣的管理策略，员工的工作积极性很难被调动。

3. 整体薪酬水平偏低，很难留住员工。

已知当地其他大型超市的员工基本工资水平在1 500.00 ~ 1 800.00元/

月左右，这使得该超市的基本工资水平较低，而且员工很多时候都表达了月薪提升至 2 000.00 元 / 月的期望，显然，员工无法继续留在超市。

最后，总经理和管理人员针对现行薪酬激励制度存在的问题和基层员工工资水平偏低的现状，设计了如下所示的薪酬激励实施方案。

1. 先做职位分析

明确各部门的职能和职位情况，对基层营业员、理货员、收银员、保安和卫生员等不同性质的职位实行不同的薪酬管理方式，编写职位说明书。

2. 对各类职位进行综合评价

对营业员、理货员、收银员、保安和卫生员等职位进行工龄、绩效和经济效益贡献程度等方面的综合评价，切忌发生如下两种情况。

①差距过大：优秀员工与普通员工之间的薪酬差异大于工作本身的差异，或者负责同样工作内容的员工之间的薪酬存在较大差异。

②差距过小：优秀员工与普通员工之间的薪酬差异小于工作本身的差异，或者负责不同工作内容的员工之间的薪酬存在的差异过小。

3. 对薪酬结构进行调查

超市在进行薪酬结构调查时，要注意每年度的薪酬增长状况、不同薪酬结构的对比情况、不同职位和不同级别的职位薪酬数据、奖金和福利状况、长期薪酬激励措施与未来薪酬结构发展趋势分析等内容，要根据整个经济市场、相关法律和信息确定薪酬结构和各岗位薪酬体系。超市需要自行通过招聘活动来了解同行业竞争者的薪酬水平，不能单方面依赖报纸和网络获取竞争者信息，以免信息不实而影响决策判断。

4. 给超市的薪酬水平定位

在分析了同行业的薪酬数据后，根据超市的经营现状，结合行业特点和行业竞争力、人才供需情况等因素，确定超市的薪酬水平，同时制定合理、科学的薪酬激励办法，尽可能留住基层员工。

5. 设计薪酬结构

完成薪酬水平定位后，超市要根据实际经营管理情况确定一个合理的薪酬结构和激励办法。要切实践行“奖优罚劣”的管理原则。

6. 构建薪酬体系并不断修正完善

在构建和完善薪酬体系时，要保证总体薪酬水平不过高或过低，要作出准确的预算，在适当范围内做出细微的调整，包括薪酬激励措施的变更。

由上述案例可知，完善公司的薪酬激励制度，实际上就是完善薪酬管理制度。

5.3.3 总经理要学会利用弹性福利制度

弹性福利制度是一种有别于传统固定式福利的新员工福利制度，又称为“自助餐式的福利”，即员工可以从公司所提供的一份列有各种福利项目的“菜单”中自由选择其所需要的福利。

公司会根据经营环境的多样性和内部特殊性，制定适合自身的弹性福利制度，因而经济市场中的弹性福利制度演变成了以下几种代表类型。

- **附加型弹性福利计划：**这是最普及的一种类型，是在现有的福利计划之外，再提供其他不同的福利措施或扩大原有福利项目的范围，让员工自行选择。
- **核心固定兼选择型：**由“核心福利”和“弹性选择福利”组成，前者是每位员工都可享有的基本福利，员工不能自由选择；后者可由员工随意选择，并附有相应的福利“价格”。
- **弹性支用账户：**是一种较特殊的弹性福利制度，员工每年可从其税前工资中拨取一定数额的款项形成自己的“支用账户”，并以此账户资金去选择购买公司提供的各种福利措施。拨入该支用账户的金额无须扣缴个人所得税，但账户中的金额如果未能在年度内用完，余额就归公司所有，更不会以现金方式发还。

◆ **福利套餐型**：由公司推出不同的“福利组合”，每个组合包含的福利项目或优惠水平都不同，员工只能选择其中一个组合。

◆ **选高择低型**：提供几种项目数量不等、程度不一的福利组合给员工选择，以组织现有的固定福利计划为基础，再据以规划多种不同的福利组合。这些组合的价值和原有的固定福利相比，有些高，有些低。若员工看中了一个价值比固定福利措施高的福利组合，则他需要从薪水中扣除一定的金额来支付差价；如果挑选了一个价值比固定福利措施低的福利组合，他就可以要求公司发放差额。

在运用弹性福利制度的过程中，总经理和管理者要深入研究如表 5-6 所示的弹性福利制度的优缺点。

表 5-6

项目	具体内容
优点	1. 充分考虑了员工个人的需求，使他们可以根据自己的喜好选择福利项目，提高福利计划在员工群体中的适应性。 2. 由公司列举福利项目，员工自行按需索取，公司不用再苦恼员工不满意福利项目，员工也不用再抱怨公司福利不实用了。 3. 弹性福利制度一般会为每位员工设置福利限额和每项福利的金额，使得员工可以更慎重地对待自己的选择，有利于公司控制弹性福利制度实施的成本，使福利不浪费
缺点	1. 会使公司管理变得复杂，自由选择福利项目大大增加了公司具体实施福利计划的工作内容，从而增加了统计、核算和管理的工作量，增加管理成本。 2. 可能存在“逆向选择”的倾向，即员工可能为了享受最大化的福利金额而选择了并不是自己最需要的福利项目。 3. 可能出现非理性情况，即员工只顾眼前利益而考虑不周，从而过早地用完自己的限额，当再需要其他福利项目时可能无法购买或需要透支。 4. 可能会造成福利项目实施不统一，加大公司统一管理的难度

因此，总经理和管理者需要考虑什么类型的弹性福利制度最适合公司的发展现状。比如，希望简化实施操作、减少管理成本的公司可以采用“福利套餐型”弹性福利制度；已经形成相对比较合理和科学的福利体系的公司，可采用“核心＋选择型”弹性福利制度。

5.3.4 奖金的激励作用明显，但不可乱发

很多总经理一提到发放奖金就会直接想到这是一种激励措施，他们最担心的不是给员工发奖金，而是即使发了奖金，员工依然缺少积极性，工作效率依然无法提高。那么，什么样的奖金制度最合理呢？

◆ 第一，要谨慎考虑奖金的发放对象

一种常见的情况是，公司对部分业绩表现突出的人才提薪，虽然理所应当，但免不了会挫伤其他员工的工作积极性，可能引起其他员工的情绪波动，甚至危及整个团队的稳定性，所以要谨慎考虑奖金的接受对象。

◆ 第二，要更注重基层员工的奖金发放

每个公司的基层员工占所有员工的大多数，影响着公司的正常运营，但有些公司在发放奖金时只考虑中高层管理者，认为公司的效益好坏只与领导者的决策和中层干部的执行效率有关，与基层员工没有太大关系。这会打击广大基层员工的积极性，甚至可能导致公司解体而无法继续经营，所以要更注重基层员工的奖金发放。

◆ 第三，不能为了公平而“一刀切”

一些公司为了体现公平，会给全体员工发放奖金，但这样分到每位员工手上的奖金数额就会很少，尤其是高层管理人员会觉得自己的努力与收入不成正比，而基层员工的投入与回报关系也不合理。这样会浇灭管理人员的热情，对高层员工的激励没有收到成效。

所以要从工作的量、质、产生的价值和对公司发展的影响程度等方面，综合评估各层级员工的奖金额度。

总经理
财务管理实操手册

6

学融资管理，为公司减轻资金运营负担

资金是公司的血液，是生产经营所需的基础资源。而融资通俗地讲就是借钱。公司在发展过程中难免会遇到钱不够用，或者临时急需用钱的情况，这时，为了给公司的资金运营减轻负担，就需要向外融资。而在执行融资计划的过程中，总经理和管理者一定要清楚适合公司的融资方式以及注意融资风险的防范。

总经理首先要了解公司的资金需求情况
预测资金需求量是融资管理的起点
为公司寻找新颖的融资渠道和方式
时刻关注融资进度，降低融资风险
在进行融资活动时要谨防诈骗
总经理要牢记融资的五大误区
……

6.1 拓展维护融资渠道，落实融资计划和方案

公司的传统融资渠道和方法包括股权融资、债务融资和融资租赁等，而对于市场中存在的大多数中小型公司，进行股权融资可能不太现实，这就要求总经理和管理者要积极拓展公司的融资渠道，督促员工落实融资计划和方案中的任务和目标。

6.1.1 总经理首先要了解公司的资金需求情况

为了给公司制定合理的融资计划或方案，总经理要先了解公司的资金需求情况。公司正常经营活动产生的现金流能满足公司一定的资金需求，但初创期和成长期的公司对资金的需求很大，仅依靠经营活动产生的现金流可能无法维持长久的发展。

这时，融资就成了解决资金问题的重要手段。不过，公司在不同的发展阶段有不同的融资目的，这些目的能反映公司各个时期的资金需求情况。

1. 初创期公司通过融资满足经营周转需求

“本钱”是公司在成立并登记注册时的注册资本，它是公司进行生产经营、承担民事责任的基础，所以一个公司必须有法定的注册资本。如果公司创办人手里的资金少于公司登记注册所需的最低注册资金，则此时就需要“借钱”了。

创办人可根据现实情况，选择自行贷款设立公司，或者邀请投资者投资。一般来说，投资者投入的资金称为实收资本，而如果创办的公司是股份制，则投资者投入的资金称为股本。注意，除了公司清算、减资和转让回购股权等特殊情形外，投资者不得随意从公司收回投入的资金。

另外，公司成立后，日常生产经营过程中也需要维持一定数额的资金，以满足正常经营活动的需求，所以融资是很有必要。

2. 成长期公司通过融资满足发展、扩张需求

处于成长期的公司会不断地发展壮大，因此需要大量资金维持日常经营活动和对外投资。这一时期公司的资金需求主要有如下两方面。

- 现有生产经营规模的改进、扩大，需要引进技术、人才，改进设备，新建厂房或租赁更大的办公场所，培训员工等。
- 拓展新项目，如开展新业务、发展新客户和供应商等。

无论是哪一方面，都会扩大公司对资金的需求。为了满足这些需求，公司就得融资，除非有足够的周转资金来解决这些需求，同时还不会影响公司的正常经营活动。

6.1.2 预测资金需求量是融资管理的起点

总经理应该明白，公司决定要融资，首先要做的不仅是了解公司的资金需求情况，还要了解公司究竟需要融资多少钱，这样才能在实施融资计划时做到心里有数，才能保证筹集的资金既能满足生产经营需要，又不会产生闲置资金。通常，融资资金的需求量由公司的投融资部门确定，但很多中小型公司没有设置该部门，此时就需要总经理和其他管理者一起预测资金需求量。下列两种预测方法可供选择。

- 分析调整法预测近期资金需求量

分析调整法是一种以有关项目的基期年度的平均资金需要量为基础，根据预测年度的生产经营任务和资金周转加速的要求，进行分析调整，进而预测资金需求量的方法，也称为因素分析法。相关计算公式如下。

资金需求量 =（基期年度资金平均占用额 − 不合理资金占用额）×（1 ±

预测期销售增减率）×（1± 预测期资金周转速度变动率）

如果销售预测增长，就为（1+ 预测期销售增长率）；反之，为（1- 预测期销售减少率）。如果资金周转加速就为（1- 预测期资金周转速度变动率）；反之，为（1+ 预测期资金周转速度变动率）。下面来看一个例子。

实例分析

用分析调整法预测下个月的资金需求量

已知某公司 2020 年 4 月的资金平均占用额为 42.00 万元，经总经理和管理者们分析，其中有 6.30 万元是不合理的。而现在，预计下个月的销售增长率为 7.5%，资金周转减速 1%。根据这些数据，总经理和管理者们预测了下个月的资金需求量。

2020 年 5 月的资金需求量 =（420 000.00−63 000.00）×（1+7.5%）×（1+1%）=387 612.75（元）

如果 4 月底时公司的货币资金数额远大于 387 612.75 元，则公司不需要融资；如果只比 387 612.75 元多一些，就需要进行融资，避免过多占用货币资金导致公司后期资金周转不灵；如果小于 387 612.75 元，则公司需要进行融资。具体需要融资的数额，要根据公司账上的货币资金额和下个月资金需求量共同确定，最终还是根据自身情况决定。

该方法计算简便，但预测结果不太精确，通常用于品种繁多、规格复杂或资金用量较少的公司。

◆ 通过销售增长和资产增长的关系预测未来资金需求量

这种通过销售增长和资产增长的关系预测未来资金需求量的做法称为销售百分比法，即在分析年度资产负债表有关项目与销售额关系的基础上，根据市场调查取得的资料和销售预测形成的数据，确定资产、负债和所有者权益的有关项目占销售额的百分比，然后依据未来销售额和假定不变的百分比关系，预测未来资金需求量。相关计算公式如下。

外部融资需求量 $=Z/S_0\times\Delta S-F/S_0\times\Delta S-L\times P\times S_1$

需要增加的资金 $=Z/S_0\times\Delta S-F/S_0\times\Delta S=$ 新增销售额 × 资产销售百分比 – 新增销售额 × 负债销售百分比

公式中，Z 表示随销售变化的敏感性资产，一般包括库存现金、应收账款和存货等；F 表示随销售变化的敏感性负债，一般包括应付账款、应付票据和应交税费等；S_0 表示基期销售额；ΔS 表示销售变动额；L 表示销售净利率；P 表示利润留存率；S_1 表示预测期销售额。下面来看一个例子。

实例分析

用销售百分比法预测对外筹资额

某公司 2019 年实现销售收入 1 000.00 万元，已知销售净利率达到了 12%，利润留存率为 40%，表 6–1 所示的是公司 2019 年资产负债表的部分数据。

表 6–1　　某公司 2019 年资产负债表数据（部分）　　单位：万元

资产	金额	负债和所有者权益	金额
库存现金	33.35	短期借款	66.67
应收账款	133.45	应付账款	65.00
存货	166.68	预提费用	83.33
固定资产净值	200.00	应交税费	20.00
		公司债券	60.00
		实收资本	166.00
		留存收益	83.00

预计 2020 年公司的销售收入可达到 1 200.00 万元，在销售净利率和利润分配政策等均不改变的情况下，预测该公司 2020 年是否需要对外融资。

敏感性资产 =33.35+133.45+166.68=333.48（万元）

随销售变动的资产与销售额的百分比 Z/S_0=333.48÷1 000.00=33.35%

敏感性负债 =65.00+20.00+60.00=145.00（万元）

随销售变动的负债与销售额的百分比 F/S_0=145.00 ÷ 1 000.00=14.5%

预计销售增长额 =1 200.00−1 000.00=200.00（万元）

销售增长率 =200.00 ÷ 1 000.00=20%

需要增加的资金 =200.00 × 33.35%−200.00 × 14.5%=37.70（万元）；或用变动资产增加额减变动负债增加额计算需要增加的资金 =333.48 × 20%−145.00 × 20%=37.70（万元）

对外筹资额 = 需要增加的资金 − 预计留存利润 = 需要增加的资金 − 预计销售额 × 预计销售净利率 × 利润留存率 =37.70−1 200.00 × 12% × 40%=−19.90（万元）

由此可知，该企业不需要进行外部融资。

该案例中计算出的对外筹资额是在考虑了公司的现有货币资金情况下确定的，所以得出的结果为负，就说明公司不需要对外融资；相反，如果计算结果为正，说明公司需要对外融资。

6.1.3 为公司寻找新颖的融资渠道和方式

对中小型公司的总经理来说，经常采用的融资方式是债务融资中的银行借款和融资租赁。银行借款很好理解，就是公司凭借各种证明资料向银行申请贷款，审批通过后即可领取贷款资金。那什么是融资租赁呢？它是指需要租用资产的一方与出让资产的一方签订资产出让合同，并向出让方支付租金，从而得到资产使用权，相当于筹集资金。来看看下面这一案例。

实例分析

与经营租赁相比，融资租赁才能真正达到融资的目的

2020 年的夏天快到了，某冰激凌生产商的订单量越来越多，现有的生产线无法满足生产需求。但因为公司规模较小，无法从银行取得贷款，也没有能力进行股权融资。于是，该公司找到了一家冰激凌生产设备租赁商，给出了如下两种租赁方案。

1. 设备租赁期为当年的夏季，共 4 个月，只支付租金，期满后归还设备。

2. 设备租赁期为连续的两年，两年内的租金包括设备总价款和利息费用等，期满后设备归该公司所有。

第一种方案为经营租赁，由租赁商在短期内向该公司提供设备，并提供维修、保养和人员培训等服务，所以又称为服务性租赁。该方式的特点就是租赁期较短（短于资产的有效使用期），在合理的限制条件内，该公司可中途解约。适用于租用技术过时较快的生产设备。

第二种方案为融资租赁，相当于由该冰激凌生产公司出资购买设备，并自行负责设备的维修和保养。该方式的特点就是租赁期较长（接近资产的有效使用期），在两年的租赁期内，租赁双方均无权取消合同。

为了真正达到融资的目的，冰激凌公司决定采用第二种方案，两年后即可获得生产设备。

除了上述案例中提到的融资租赁方式外，还值得中小型公司运用的融资渠道是创业投资资本，也称风险资本，其投资对象主要是处于创业期的未上市新兴中小型公司，尤其是新兴高科技公司。

对中小型公司来说，获取风险资本很可能是一种昂贵的资金来源，但也很可能是除了融资租赁外为数不多且可行的融资方式之一。当总经理和管理者找到了该融资渠道后，要怎样才能吸引风险投资机构，并使其愿意向公司提供融资呢？可从以下几方面着手。

- 提升公司管理团队的工作能力水平，让风投机构看到公司强大的潜在发展能力。
- 总经理要懂得将产品和各种渠道模式相结合，并通过 3 ~ 5 年的时间来发展、巩固和强化自身的竞争力，形成自己特有的商业模式，让风投机构看到公司的稳步发展现状。

- 撰写高质量的商业计划书，真实评估公司或公司项目的成长性、盈利性、市场状况和生产营销计划等，与风投机构建立友好的关系，形成吸引风投机构的良性循环。

6.1.4 总经理要学会寻求政策性融资

政策性融资是指根据国家的政策，以政府信用为担保，由政策性银行或其他银行对特定项目提供的金融支持。该融资方式适用于具有行业或产业优势、技术含量高、有自主知识产权或符合国家产业政策的项目，获得融资的前提要求是公司运营良好且达到一定规模，且基础管理完善。

政策性融资成本低、风险小，但适用面窄、金额小、时间较长、环节众多、手续繁杂且有一定的规模限制。由此可见，中小型公司还是比较适合选用该融资方式，因为其所需金额并不多，能够承受的融资风险低，有一定规模；而大型公司可能不太适合这种方式，因为其融资所需的资金量较大，而且所需资金的适用面较宽，不符合政策性融资适用面窄的特点。

总经理在寻求政策性融资之前，首先要了解政策性融资的具体项目有哪些，这样才方便“寻”。主要有如下两种。

1. 中小企业技术创新基金

中小企业技术创新基金是一项专门用于科技型中小企业技术创新活动的政府专项基金，旨在促进科技成果转化，支持企业创新。它是一项政策性风险基金，自身并不盈利。公司申请该项基金时至少应具备以下条件。

第一，具有独立企业法人的资格，且申请支持的项目在营业执照规定的经营范围内。

第二，公司人员结构合理，大专以上学历的员工超过员工总数的一定比例，直接从事研究开发的科技人员占职工总数的比例不低于 10%。

第三，科技水平至少在国内处于领先地位。

第四，公司财务体系健全，财务状况良好，资产负债率不超过 70%，每年用于新产品开发和生产改进方面的科研经费不低于销售额的 5%。

2. 中小企业发展专项资金

中小企业发展专项资金是根据《中华人民共和国中小企业促进法》，由中央财政预算安排，主要用于支持中小企业专业化发展，如创业辅导和服务、技术创新、新产品开发、新技术推广和开拓国际市场等方面的专项资金（不含科技型中小企业技术创新基金）。

◆ 专项资金的支持方式

专项资金的支持方式采用无偿资助或贷款贴息，对于以自有资金为主投资的项目，公司可申请无偿资助方式的专项资金；以银行贷款为主投资的项目，公司一般申请贷款贴息方式的专项资金。在申请专项资金时，只能选择其中一种支持方式，不得同时以两种方式申请专项资金。

◆ 专项资金的资助范围

中小企业发展专项资金有其重点支持项目，包括固定资产建设类、担保（再担保）业务补助类和企业提高素质活动补助类等项目。每种类型的资助项目大致如表 6-2 所示。

表 6-2

类别	项目
固定资产建设类	1. 企业技术改造项目：结构调整项目、专业化发展项目、节能减排项目、增加就业岗位项目。 2. 战略性新兴产业项目：如节能环保、新一代信息技术和生物技术等。 3. 服务环境改善项目：小企业创业环境改造项目、生产性服务业企业改造项目

续上表

类别	项目
担保（再担保）业务补助类	1. 担保业务补助项目：补助符合条件的中小企业信用担保机构。 2. 再担保业务补助项目：补助符合条件的中小企业信用再担保机构。 3. 保费补助项目：不提高其他费用标准，补助低收费融资担保业务
企业提高素质活动补助类	1. 提升企业管理水平补助项目：重点支持中小企业在相关方面应用信息管理系统来提高企业管理水平的项目。 2. 提升企业研发能力补助项目：重点支持中小企业技术研发机构（部门）开发、购置用于研发的设备、仪器和软件等项目。 3. 企业专利申请补助项目：重点支持中小企业的专利开发、申请项目

在了解了政策性融资项目之后，总经理还需了解不同项目的申请条件，这样才有利于“求”。申报企业必须同时具备这些资格条件：符合中小企业划分标准，财务管理制度健全，经济效益良好，会计信用和纳税信用良好，企业法人治理结构规范等。其中具体的申请条件会随着时间的推移而有所改变，公司可根据当前的申请条件来判断自身有无申请资格。

6.2 总经理对融资提高警惕才能降低用钱风险

公司能否获得融资，获得融资后能否偿还前期发生的融资款，这些对公司来说都是未知数，一旦公司融资失败，或后期还不上钱，就可能陷入资金链断裂的困境或经济纠纷。因此，总经理和管理者要对融资活动提高警惕，及时降低用钱风险。

6.2.1 时刻关注融资进度，降低融资风险

为了更好地管理公司的融资活动，总经理可以指派融资项目负责人，

并成立专门的融资小组，将融资的整个过程记录在案，以备随时监控融资进度。在不同的融资阶段，总经理要做的事侧重点不同。

- **筛选阶段**：这是投资机构或个人与公司之间的第一次会面，公司方的负责人一般为总经理或法定代表人，以及 1 ～ 2 位合伙人。总经理和其他负责人向投资机构或个人说明公司的融资目的、资金需求量和融资计划等。
- **确认意愿阶段**：合伙人或投资机构在第一次会面获得信息的基础上与公司进行第二次会面，如果双方达成共识，则进入深入调查阶段。第二次会面时总经理和其他负责人要展示出公司的突出优势。如果总经理在跟进融资进度时发现投资机构没有要求进行第二次会面，则需要分析原因，弄清楚投资机构是否完全没有投资意愿。
- **深入调查阶段**：投资方开始考察公司的发展机会，并与团队其他合伙人分享调查结果。在该阶段中，总经理会与投资方商谈融资结构，草拟融资条款。考察结束后进入下决定阶段，如果总经理发现投资方没有与公司商谈融资结构，也没有草拟融资条款的迹象，则需要关注投资方的真实意愿。
- **下决定阶段**：双方共同召开会议，公司要把自己的商业规划展示给投资机构的所有合伙人看，若投资机构觉得可以投资，且公司也想要获得该投资机构提供的融资资金，则双方签订投资协议。在这一阶段中，总经理要时刻关注投资机构的动向，以免最后一步失败，功亏一篑。

6.2.2 在进行融资活动时要谨防诈骗

如同很多个人进行贷款容易受骗一样，公司对外融资也容易受骗。为了避免被骗，总经理需要了解融资过程中的各种诈骗手法。

1. 打着“投资”旗号，要求融资公司交纳考察费、立项费和保证金

一些不正规的投资公司或机构，在提供融资支持时要求融资公司交

纳各种费用，如考察费、立项费和保证金等，这些费用少则几万元，多则百万元，融资公司只有支付了这些费用才能获得资金。然而，正规的投资公司或机构有其专门的管理费用，在考察投资项目和进入投资过程后会自行支付相关的差旅费和聘请第三方机构进行尽职调查的费用。因此，公司总经理要警惕这一点，避免公司被骗。

2. 勾结诈骗

还有一些投资公司或机构虽然明面上不收取融资公司的任何费用，但在考察阶段可能会向融资公司这样说："贵公司项目还是不错的，但需要包装、策划，我们可以帮贵公司寻找专业的中介机构编写商业计划书"，或者"贵公司的项目必须找××律师事务所、××评估机构进行资产评估"等，这时融资公司就需要向这些指定的中介机构、事务所等"交钱"，而背地里投资公司就会与这些机构、事务所"分成"。情况稍微好点的是，融资公司确实可以获得融资资金；情况不好的，投资公司会以各种理由或手段使投资计划无法进行，而融资公司在这一过程中将损失惨重。

实例分析

兜兜转转融资，钱花了，融资资金却没拿到手

M公司是一家农产品深加工企业，拥有一系列的相关技术。然而2019年下半年的经营过程中资金出现短缺，公司只有制订融资计划准备从外界融得经营资金。不久，某融资服务公司就通过相关方式看到了M公司的融资计划，还表示愿意与M公司合作，如果双方签订了投资合作协议，就会立即向M公司投资2 000.00万元。

2019年10月18日，M公司打算与融资服务公司签订投资合作意向书，在签订前融资服务公司突然要求M公司必须委托其指定的某律师事务所的律师和该公司的工作人员进行实地考察，还强调这是"行业规矩"。然而问题又来了，该律师事务所要求M公司支付3.50万元的律师费，而经过了解，当地其他律师事务所办理同类业务的价格也才 1.50 万元。于是 M 公司提出聘请一家当地的律师事务所的律师陪同融资服务公司的工作人员进行考察，显然，遭到了融资服务公司的拒绝。双方僵持不下。融资服务公司为了促成意向书的签订，承诺可以帮助 M 公司支付 30% 的律师费，即 M 公司需支付 2.45 万元（=3.50×70%）的律师费，事务所也承诺会开具正规的发票。在临近考察时，融资服务公司又请求 M 公司支付一半的差旅费，共计 0.90 万元，并将相关的车票票根提供给 M 公司查看。

2019 年 11 月 8 日，融资服务公司工作人员和律师共 3 人来到 M 公司所在地考察公司拟建设项目和相关的法律文件。M 公司按照律师的要求提供了工商营业执照、公司章程和公司与当地政府签订的有关协议书、合同等证明复印件。11 月 11 日“考察团”结束考察返回。这 3 天，M 公司又花费了 2.00 万元的招待费。

2019 年 11 月 20 日，律师事务所通知 M 公司已经向融资服务公司出具了“资信调查报告书”，报告中肯定了 M 公司的项目进度，确认前期准备工作已经基本完成。12 月 6 日融资服务公司的工作人员向 M 公司发来了“专项立案通知函”，并附双方的投资合作协议书范本，合同中明确了此次投资活动中与 M 公司接洽的工作负责人为其公司的李某，12 月 9 日双方签订了投资合作协议书。

2019 年 12 月 24 日，M 公司又与融资服务公司指定的某投资顾问公司签订了委托书，由该投资公司出具关于投资安全和增值潜力分析的报告，相关费用共计 6.50 万元。2020 年 1 月 20 日，M 公司将投资顾问公司出具的分析报告交给了融资服务公司的李某，2 月 3 日，融资服务公司突然发函给 M 公司，要求补充和完善建设项目立项的核准文件、经过有批准权限的政府部门核准的环境影响报告以及土地使用权证明，限期 10 天。奇怪的是，负责接洽的工作人员李某更换为赵某，融资服务公司在当地的办公地点也发生了变化。

2020 年 2 月 5 日 M 公司给融资服务公司复函，说明了根据有关法律法规的规定，此次投资项目在办理立项手续时必须由投资方和融资方都出具营业执照和资信证明，并且由双方共同撰写报告并立项，立项后才能凭借相关的立项批文办理土地使用权证明等手续，用时会比较长。另外，复函中还指出双方签订的意向书和投资合作协议书中都明确指出了分析报告审查完毕后由投资方立即支付 2 000.00 万元，要求投资方立即兑现投资款。

然而，投资方在 2020 年 3 月 2 日向 M 公司发来复函，称双方投资合作的前提是融资服务公司已经办理好项目立项审核、环境评估审批和土地使用权证明等手续，并不是 M 公司自称的处理方式。双方各执己见，最后融资服务公司竟然以 M 公司违背了合同约定而终止合作。

随后，M 公司在 3 月 5 日向该融资服务公司复函，称其有意曲解法律，有意违背合同约定的合作方式，有意欺诈和误导，要求其承担法律责任。

该案例中的融资服务公司伙同相关律师事务所和投资顾问公司，以各种诱导手段骗取 M 公司的信任，不断诱使 M 公司支付各种费用，前后共计 11.85 万元（=2.45 万元 +0.90 万元 +2.00 万元 +6.50 万元）。而后期为了掩盖自己的诈骗行为，又以“M 公司有意违背合同约定的合作方式”的“名义”，企图迫使 M 公司按照他们的要求“履约”，也是迫使 M 公司不遵守所谓的合同约定，从而他们就有理由终止双方的投资合作关系，使得该诈骗活动看上去是因为 M 公司的责任而终止。

3. 要求公司提交订金

还有一些投资公司或机构会在利用国家金融政策的基础上，以“提供大额存款、银行保函等帮助公司获取贷款”的名义，要求融资公司交付订金。

这种操作常常出现在假的投资公司或不正规投资公司中，如果与他们签订投资协议，则协议中通常会有这样的规定：“投资方银行开出《银行保函》并由银行核保后，投资方会在一周内一次性付清所有手续费，并在两周内通知投资方银行放贷，若不能放贷，投资方不负担任何责任。”

看到该规定的前面内容时，以为投资公司很“重情重义”，但规定的后半部分却堂而皇之地撇清其责任，即投资方银行最终如果不能向融资公司放贷，则不关投资公司的事。而且，事实上大额存单和有价证券抵押贷款等手段的陷阱就是利用时间差，即投资方留给融资公司的时间根本完不成所有应办理的手续，而投资方此时就会“顺理成章”地根据协议或合同的约定吞掉融资方前期交付的订金。

6.2.3 总经理要牢记融资的五大误区

总经理掌控着公司融资活动的大局，如果不清楚融资误区，很容易带着公司陷入困境。那么，关于融资有哪些误区呢?

◆ 向单位或个人投资者融资时，股权分配过于平均、分散

公司创始人与单位或个人投资者投入的资金量差不多，导致股权平均且分散，这就会给以后的经营决策效率带来影响。所以，公司在融资时一定要牢牢掌握自身的控制权。

◆ 只关注钱而忽视了资金背后的投资人

作为融资公司的总经理，要对提供资金的投资人或单位做一个尽职调查，关注投资人及其行业背景、所拥有的资源和投资的项目，判断是否能给公司带来真正的价值。否则，忽视了资金背后的投资人，很可能到最后陷入还款的“泥沼”，产生经济纠纷。

◆ 以为兼职创业是给自己留后路

兼职创业是公司对自己的项目没有信心的表现，这样投资机构或个人也会对公司的项目没有信心，很难向公司投资，公司就可能融资失败。

◆ 在公司的资金流快断掉时才开始融资

如果公司在资金流快断掉时才开始融资，则很可能面临资金衔接不上、

陷入财务危机的情况。这样即使成功融资，而融资的资金也失去了及时性和该有的作用。所以，公司要提前做好融资准备，不仅给予自己更多选择余地，也能发展更大的议价空间，同时也给投资方充足的资金筹备时间。

◆ 同时向所有认识的投资人融资

有些公司在寻找资金时就像刚毕业找工作的大学生，向自身认识的所有投资人发出融资请求，以为这样可以更快速地获得资金。然而事实上，这是公司对自身真实需求和对投资方不够了解的表现。因此，要想提高融资的成功率，总经理需领导公司员工精准找寻投资者。

6.2.4 判断公司是否适合股权众筹的标准

股权众筹是指公司出让一定比例的股份，面向普通投资者，投资者通过出资入股公司，获得未来收益的一种融资方式。有一种说法是：股权众筹是私募股权互联网化。那么，什么样的公司适合采用股权众筹这一融资方式呢？来看看下面这些用于判断公司是否适合股权众筹的标准。

第一，看公司是否处于初创期或项目处于种子期。这个时期的公司或项目发展还不稳定，需要风险分散，因此适合采用股权众筹融资。

第二，如果公司只是为了获得经营所需费用，则股权众筹融资就不适合。因为股权众筹的本质是在增加公司的股东，而不是借钱。

第三，股权众筹一般针对科技、移动互联网、现代农业、生活服务业、房产和医疗健康等行业，若公司不属于这些行业，则不适合股权众筹融资。

第四，公司融资金额应在 50.00 ~ 500.00 万元，如果不足或超过这一范围，则不适合进行股权众筹融资。

换句话说，处于初创期的公司或种子期的项目，其融资目的是为公司增加股东。若公司所属行业是科技、移动互联网、现代农业、生活服务业、房产、公益、艺术和娱乐等之一，以及融资金额在 50.00 ～ 500.00 万元之间的，均可采用股权众筹的融资方式为公司获取融资款。

相应地，处于成熟期的公司，项目研发接近尾声，融资目的只是借钱，公司属生产制造、轻工业、纺织和重工业等之一，以及融资金额少于 50.00 万元或超过 500.00 万元等情况，可能不太适合采用股权众筹的融资方式为公司争取融资款。

6.2.5 股权众筹融资有比较严格的流程

总经理决定公司采用股权众筹方式进行融资后，要认识股权众筹融资的一般流程，如图 6–1 所示。

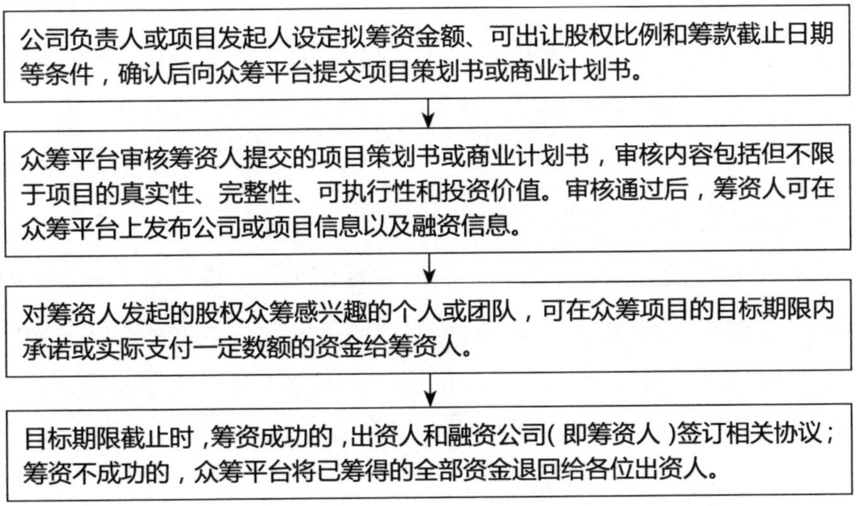

公司负责人或项目发起人设定拟筹资金额、可出让股权比例和筹款截止日期等条件，确认后向众筹平台提交项目策划书或商业计划书。

↓

众筹平台审核筹资人提交的项目策划书或商业计划书，审核内容包括但不限于项目的真实性、完整性、可执行性和投资价值。审核通过后，筹资人可在众筹平台上发布公司或项目信息以及融资信息。

↓

对筹资人发起的股权众筹感兴趣的个人或团队，可在众筹项目的目标期限内承诺或实际支付一定数额的资金给筹资人。

↓

目标期限截止时，筹资成功的，出资人和融资公司（即筹资人）签订相关协议；筹资不成功的，众筹平台将已筹得的全部资金退回给各位出资人。

图 6-1

在公司选择众筹平台时，会因为平台的不同而导致股权众筹融资的流程有细微差异。

股权众筹是近些年才兴起的一种新型融资方式，总的来说，众筹融资也存在一些不完善的地方，总经理可以了解一下，从而在执行众筹融资时才能更好地把控融资进度和质量。

◆ 公司融资目的或项目展示环节

在该环节，投资人会表达是否有认购意向，对融资公司和众筹平台来说都很重要。但是现实中，部分众筹平台对该环节的工作不够重视，使得股权众筹进度放缓甚至停滞。因此，融资公司需主动联络那些可能有认购意向的投资者，积极让投资者全面、深入地了解融资公司的基本情况，触发或坚定其认购意向。

◆ 融资成功后的管理环节

目前国内很多众筹平台的运作模式类似于“大家投”，即决定向融资人投资的各个企业或个人在线下共同成立一家有限合伙企业，由领投人担任普通合伙人负责融后管理工作。在这样的情形下，如果领投人负责了多家公司的融后管理工作，则可能会使该领投人在工作中应接不暇。因此，融资公司要避免出现这类情况，可考虑众筹平台代管或专业第三方股权托管方式，保障自身融资效率和投资人的利益，众筹平台也可获益。

◆ 领投人的资质评估

国内的投融资环境非常复杂，所以融资公司和投资人必须双向重视对方的资质评估。再加上一些股权众筹平台制定的领投人资格审核要求浮于表面，即对领投人履职经历和投资经历进行审核，而对领投人的身份和基本素养等不做要求。所以融资公司要认真评估零投资资质，防止被骗。

◆ 设置良好的中途退出机制

股权众筹融资对投资人来说本质上是股权投资，所以股权的流动性对投资人来说非常重要。当下很多众筹项目的投资人会因为各种原因想要中途退出投资，这就会给融资公司带来筹资压力。因此，融资公司要在一开始就设置良好的退出机制，让投资人能放心大胆地积极认购，同时防止投资人产生中途退出投资的想法。

7

学投资决策，准确把控资本带来的收益

公司要想做大做强，必要的经营活动少不了，但同时也少不了进行一些必要的投资。而开展投资活动前，谁来做出投资决策呢？显然，这项任务要交给总经理及其他高层管理者。总经理和管理者学会了如何制定出恰当、准确的投资决策，不仅能为公司带来收益，还能严格把控投资收益的质与量。

参与拟投资项目的尽职调查
对拟投资项目进行可行性研究分析
总经理要关注投资项目的风险和现金流
学会计算内部收益率，判断投资项目的财务效益
学会预测投资回收期，做出合理的投资决策
学会中断亏损项目，减少公司损失
……

7.1 适当投资，为企业实现资本增值

对于一家公司来说，投资活动分为两类：一是购建固定资产、无形资产和其他长期资产并支付现金，主要是为对内扩大再生产奠定基础；二是对外购买股权、债权并支付现金，主要是为了对外发展扩张。因此，作为公司总经理，不能将投资活动单纯地认为是对外投资，否则会限制公司的发展眼界，从而错失一些必要的投资。

7.1.1 参与拟投资项目的尽职调查

尽职调查也称“审慎性调查”，一般是指投资人在与目标企业达成初步合作意向后，经协商一致，投资人对目标企业的一切与本次投资有关的事项进行现场调查和资料分析的一系列活动。其范围很广，包括财务尽职调查、企业运营尽职调查、行业和市场尽职调查、人力资源尽职调查和法律尽职调查。如图 7−1 所示的是财务尽职调查的基本程序。

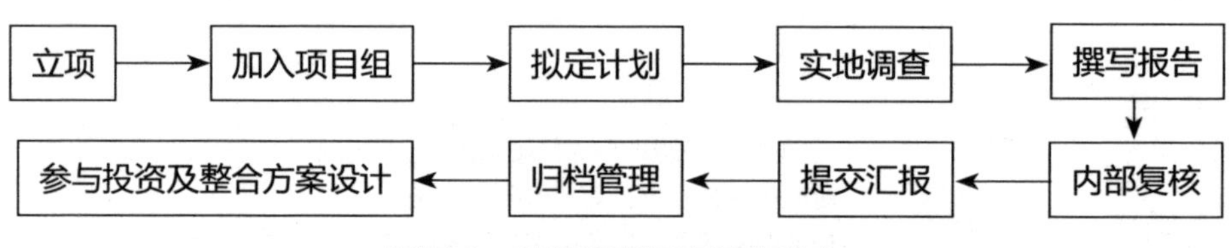

图 7-1　财务尽职调查基本程序

财务专业人员在项目立项后加入项目组实施财务尽职调查；在充分了解了投资目的和目标企业的组织架构后拟定投资计划；在尽职调查报告通过相关程序的审批后，向有关方面提交该报告。

那么，总经理和管理者在尽职调查工作中处于一个什么地位呢？如图 7−2 所示。

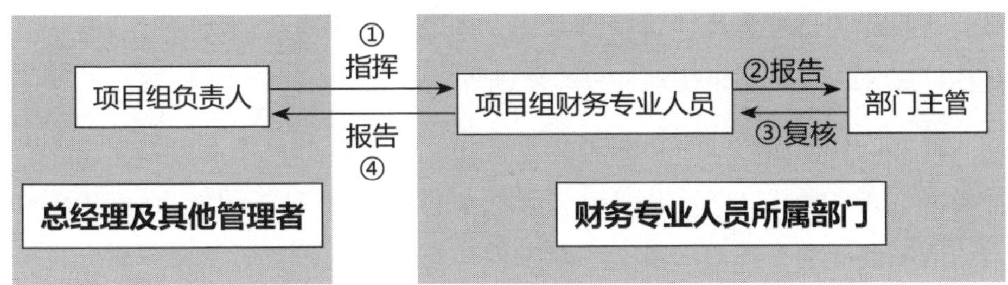

图 7-2 尽职调查工作中总经理的位置

在尽职调查工作中，不同阶段总经理和相关人员的职责分工又是怎样的呢？如图 7–3 所示。

	计划阶段	调查阶段	报告阶段
项目组负责人	提出财务调查需要做什么，需要达到什么目的，全面控制调查计划的实施	协调各方利益者与被调查单位的关系，为调查工作顺利进行提供良好环境	督促尽职调查项目组积极完成工作，并及时通知项目组提交完整的财务调查报告
财务专业人员所属部门主管	时刻关注财务调查工作，审核计划的执行情况	给执行调查工作的人员作出具体的业务指导和帮助	认真审核财务专业人员提交的尽职调查报告
财务专业人员	编制尽职调查工作的具体计划	按计划开展尽职调查工作	认真撰写并修改尽职调查报告

图 7-3 尽职调查工作中总经理和相关人员的职责

为了更加清晰地认识公司总经理在尽职调查工作中的任务，下面来看一个具体的案例。

实例分析

提出对尽职调查工作的要求，协调与被调查公司的关系

某公司是一家从事生产电动代步车的企业，已知其生产的电动代步车没有方向盘，所以需要开发一项自动转弯的功能。在多方打探后发现，有一家新兴科技公司正在研发该技术，于是公司决定投资该项技术。为了防

止该项投资活动可能给公司带来损失，总经理和管理者们决定对该新兴科技公司及其正在研发的技术进行尽职调查。

首先，公司的总经理和相关管理者向负责实施尽职调查的财务专业人员提出调查要求，包括弄清楚新兴科技公司的技术研发进度、预计完成时间、研发过程中存在的问题、已经做过的克服研发问题的措施、研发成功后技术的价值、研发资金是否充足、是否制定了明确的研发阶段资金耗用计划书以及公司目前的财务状况等。

然后，具体实施尽职调查的财务专业人员（可以全部是公司内部人员，也可请部分专业的尽职调查人员）根据总经理和管理者提出的尽职调查要求，编制财务调查计划，编制好后交由财务专业人员所属部门主管审核。

接着，在正式调查阶段，财务专业人员认真仔细、尽职尽责地实施调查计划，过程中，财务专业人员所属部门主管要及时做出具体的业务指导，帮助财务专业人员切实做好尽职调查工作。而总经理和管理者们要在此过程中协调好与被调查公司的关系，比如领导之间的友好会谈。

最后，由公司的财务专业人员对尽职调查工作做全面总结，同时撰写和修改尽职调查报告，报告中要针对总经理和管理者们提出的要求作出明确的结果展示和说明，同时向所属部门主管提交尽职调查报告，由主管审核并递交给总经理和管理者。这一过程中，总经理和管理者要时刻监督尽职调查报告的撰写进度，及时要求相关人员提交报告。

7.1.2 对拟投资项目进行可行性研究分析

可行性研究分析是通过对项目的技术、经济和工程等方面进行调查研究和分析比较，对项目建成后可能取得的财务、经济效益及社会环境影响等进行预测，从而提出项目是否值得投资和如何进行建设的咨询意见。

各类投资项目可行性研究的内容及侧重点会因为行业特点而有较大差

异，但一般应包括如表 7-1 所示的内容。

表 7-1

研究分析要点	具体内容
投资必要性	在分析投资必要性时，主要是分析项目的投资环境并研究市场情况，包括对投资环境中的各种要素进行全面的分析论证，预测市场中的供求状态，分析企业在项目中的竞争力，分析价格，对市场进行细分、定位和营销策略论证
技术可行性	设计合理的技术方案保证项目的实施，具体要求为：工业项目应明确提出设备、技术的需求清单；非工业项目应形成初步的工程方案
财务可行性	从项目本身和投资者利益出发，分析设计的财务方案是否合理；站在公司理财角度，分析资本预算是否准确、项目盈利能力如何、股东投资收益高低、现金流量计划能否顺利进行和债务清偿能力强弱
组织可行性	分析项目的计划方案是否有确定的进度评估，看组织机构是否合理，项目的管理人员是否具备丰富的经验，是否提供合适的培训计划，是否可以通过项目与利益各方达成良好的协作关系等
经济可行性	看项目是否实现了区域经济发展的一定目标，实施后是否可以产生相关的效益，如经济资源得到有效配置、就业机会增加、环境得到改善、人民生活水平可以提高等，从而评价项目在资源配置方面存在的价值
社会可行性	主要是分析项目的实施是否会对政治体制、方针政策、经济结构、法律道德、宗教民族、妇女儿童和社会稳定性等产生不好影响
风险因素控制的可行性	看项目计划中是否对项目实施过程中可能出现的市场风险、技术风险、财务风险、组织风险、法律风险和经济社会风险等做了详细说明，是否有具体的规避这些风险的对策或措施，风险管理是否有保障

下面以某公司的投资项目可行性分析报告为例，学习并了解项目可行性研究的基本内容。

实例分析

根据投资项目的可行性研究分析结果编写报告

某公司是一家从事服装生产的中小型公司，为了拓展公司的业务，总经理和高层领导决定进行一些对外投资。在确定了要新建厂房后，总经理要明确实施项目可行性分析工作的负责人和其他人员，对可行性分析工作提出具体要求，如结果真实可靠、分析方法科学合理、工作人员要尽职尽责以及可行性分析报告要及时递交等。

被总经理指定为投资项目可行性分析工作的负责人要向具体实施可行性分析工作的人员传达分析工作的具体内容，同时协助完成项目可行性分析工作，编写可行性分析报告。具体的投资项目可行性分析报告范本如图7–4所示。

第一章　总论

一、项目概况

- 项目名称
- 项目承办单位
- 项目负责人
- 项目选址
- 项目总投资
- 投资方式
- 项目目标规划

表格 1：项目目标规划表

年度	销量	不含税销售净收入（万元）	税前利润（万元）	利润率

二、项目背景

正文

（一）外部环境

1.经济环境因素

……

第七章　经营风险及对策分析

一、经营风险

[正文]

二、市场拓展风险

[正文]

三、财务风险

[正文]

四、人力资源风险

[正文]

综合以上分析，××项目不仅是可行的，而且也是必要的，尽管这其中存在有诸多可预料和不可预料的经营风险和困难。但从长远发展来看，项目综合经济效益明显，前景光明，利远大于弊，能较好地满足公司今后的持续经营发展需要，有必要加快推动实施。

××公司

××年×月×日

图 7-4　投资项目的可行性分析报告（范本）

可行性分析工作的负责人将编写完成的投资项目可行性分析报告提交给总经理及其他管理者审核。

如果公司进行的投资项目可行性分析内容很多，则编写可行性分析报告时应在报告的最前面制作报告目录，以便总经理和管理者快速查找相应的可行性分析结果。

7.1.3 总经理要关注投资项目的风险和现金流

公司在进行投资项目的可行性分析时，会对项目可能面临的风险进行分析，因为关注风险能有效地控制投资项目的损益，防止公司经营受到投资项目盈亏的巨大影响。除此之外，总经理还需要关注投资项目引起公司现金支出和现金收入的变动数量，防止投资项目影响公司的资金周转。

1. 关注投资项目的风险

由于投资项目的发展情况并不是 100% 确定，加上投资期一般较长，各种可预测或不可预测的风险都有可能发生。因此，总经理和管理者在做投资决策时或者在投资项目进行过程中，应充分考虑项目会面临的风险。从大方面看，投资项目可能面临的风险分为政策性风险和项目本身存在的风险两类，如表 7-2 所示。

表 7-2

风险	应对措施
政策性风险	制定公司的投资项目决策时必须关注国家政策，看项目是否能得到宏观政策的鼓励和支持。如果不关注政策，就可能面临较大的政策性风险，如在全国都兴起低碳环保理念的环境下公司还打算投资建设造纸厂或印染厂。所以，关注国家政策和时事动态是规避这一风险的有效办法
项目本身存在的风险	投资项目进行过程中总会有不确定的事项影响投资的经济效果，导致项目面临亏损的风险。规避这一风险的办法是，总经理领导公司相关人员进行详细的可行性分析和评价，以数据和预算为基础对投资项目进行科学的判断，再做出决策

通常，投资项目负责人和相关人员要在总经理的带领下，依据公司以往的历史资料，通过概率统计等方法寻找风险的规律性，进而对风险做出恰当的评估，控制并降低风险。但要明白一个道理，无论公司采用哪种方式，都不能将风险降为0，而只能尽量降低风险对公司产生的不利影响。

2. 关注投资项目的现金流

公司在预测大型、复杂的投资项目的收入和成本时比较困难，因而预测产生的误差可能会很大，这就产生了未知风险。很多人认为，投资项目关注最终的利润就可以了，但作为总经理，为了保证投资项目能够继续进行，更重要的是关注项目的现金流动情况。下面看一个具体的案例。

实例分析

分析投资项目时，现金流比利润更重要

某公司是一家生产水泥的企业，2020年初，由于业务增加，公司拟投资一条新的生产线，投资总额为100.00万元，计划分5年投入资金。生产线在投资后的第3年开始使用，使用期限为5年，采用直线法计提折旧。投产开始时垫付流动资金30.00万元，结束时收回。假设每年销售收入为100.00万元，付现成本为72.00万元。由此可知，该投资项目各年的利润与现金流量情况如表7-3所示。

表7-3

投资项目的利润与现金流情况　　单位：万元

项目＼年份	2020年	2021年	2022年	2023年	2024年	2025年	2026年	合计
投资现金流	−20.00	−20.00	−20.00	−20.00	−20.00			−100.00
销售收入			100.00	100.00	100.00	100.00	100.00	500.00
付现成本			72.00	72.00	72.00	72.00	72.00	360.00
折旧			20.00	20.00	20.00	20.00	20.00	100.00

续上表

项目 \ 年份	2020 年	2021 年	2022 年	2023 年	2024 年	2025 年	2026 年	合计
利润			8.00	8.00	8.00	8.00	8.00	40.00
营业现金流			28.00	28.00	28.00	28.00	28.00	140.00
流动资金			−30.00				30.00	0.00
现金净流量	−20.00	−20.00	−22.00	8.00	8.00	28.00	58.00	40.00

上表中，各年利润＝各年销售收入－各年付现成本－各年折旧，最终 5 年有效期内的总利润为 40.00 万元。

各年营业现金流＝各年销售收入－各年付现成本，最终 5 年有效期内的总营业现金流为 140.00 万元。

各年现金净流量＝各年投资现金流＋各年营业现金流＋流动资金，最终 5 年有效期内的总现金净流量为 40.00 万元。

由此可知，在整个投资期限内，该项目的利润总额与现金净流量总额相等。另外，利润会受到折旧的影响，在项目投资的第 3 年（即 2022 年），公司实现利润 8.00 万元，这只是账面的；而公司 2022 年的现金净流量为－22.00 万元，这就意味着公司如果要保证投资项目正常运行，必须在 2022 年再投入资金，以支付原材料和人工费用，维持公司的生产经营活动。

由上述案例可知，总经理和管理者在分析投资项目的运营情况时，关注现金流运动状况比关注项目盈亏更重要。如果项目进行过程中没有足够的现金，就会面临立即停工，甚至停产的困境。

7.1.4 学会计算内部收益率，判断投资项目的财务效益

对公司来说，内部收益率是一项投资渴望达到的报酬率，该比率越大越好。一般情况下，内部收益率≥基准收益率，项目可行；反之，项目不可行。

而财务效益通常指投资项目实施后所获得的营业收入。总经理和管理者要学会利用内部收益率来判断投资项目的财务效益。

一般来说，投资项目每年的现金流量会不等，此时项目内部收益率的计算过程如图 7-5 所示。

根据经验，确定一个初始折现率，根据投资方案的现金流量情况计算出财务净现值 $NPV(i)$，其中 i 为基准收益率。

↓

当 $NPV(i)=0$，则内部收益率 $=i$。若 $NPV(i)>0$，则内部收益率继续增大，用 i_1 表示；若 $NPV(i)<0$，则内部收益率继续减小，用 i_2 表示。

↓

重复上一步骤，直到找到满足 $NPV(i_1)>0$ 和 $NPV(i_2)<0$ 的两个折现率，其中，(i_1-i_2) 一般不超过 2% ~ 5%。或者可以利用线性插值公式近似计算财务内部收益率 IRR。计算公式为 $(i-i_1)\div(i_2-i_1)=NPV(i_1)\div[|NPV(i_1)|+|NPV(i_2)|]$。

图 7-5　确定项目内部收益率的过程

为了更好地理解财务内部收益率的确定过程，下面来看一个实例。

实例分析

计算投资项目的内部收益率，判断是否可行

某公司 2020 年初计划投资一个项目，一次性投入 120.00 万元，预计项目的使用年限为 5 年，每年的收益情况如表 7-4 所示。假设基准收益率为 11%，要求总经理对该项目的财务效益进行评价。

表 7-4

项目＼时间	开始	第 1 年	第 2 年	第 3 年	第 4 年	第 5 年
现金流（万元）	−120.00	24.00	36.00	24.00	48.00	48.00

根据内部收益率的计算公式可知：内部收益率 $NPV(i)=-120.00+24.00$

$\times(1+i)^{-1}+36.00\times(1+i)^{-2}+24.00\times(1+i)^{-3}+48.00\times(1+i)^{-4}+48.00\times(1+i)^{-5}=0$。可以看出，要求解这个方程较困难，在实际工作中，可以用线性插值法来确定投资项目的内部收益率 i。

设 $i_1=10\%$，$i_2=15\%$，分别计算这两个内含报酬率下的项目净现值。

$NPV(i_1)=-120.00+24.00\times(1+10\%)^{-1}+36.00\times(1+10\%)^{-2}+24.00\times(1+10\%)^{-3}+48.00\times(1+10\%)^{-4}+48.00\times(1+10\%)^{-5}=12.19$（万元）

$NPV(i_2)=-120.00+24.00\times(1+15\%)^{-1}+36.00\times(1+15\%)^{-2}+24.00\times(1+15\%)^{-3}+48.00\times(1+15\%)^{-4}+48.00\times(1+15\%)^{-5}=-4.82$（万元）

最后，将公式 $(i-i_1)\div(i_2-i_1)=NPV(i_1)\div[|NPV(i_1)|+|NPV(i_2)|]$ 变形为 $i=(i_2-i_1)\times NPV(i_1)\div[|NPV(i_1)|+|NPV(i_2)|]+i_1$，求得 $i=(15\%-10\%)\times 12.19\div[12.19+4.82]+10\%=13.58\%$

由于 $i=13.58\%$ ＞基准收益率 11%，所以，该投资项从财务效益的角度分析是可行的。

在公司的实际经营过程中，也不排除有投资项目每年的现金流量基本相等的情况，这时计算项目的内部收益率就比较简单了，可直接利用年金现值，具体计算公式如下。

未来每年现金净流量 ×（P/A，i，n）－原始投资额的现值 =0

然后查阅年金现值系数表，得出年金现值（每年现金流量净值），最后再利用插值法求得 i。

比如，上述案例中，假设该公司投资的项目以后每年收益为 36.00 万元，则 $36.00\times(P/A, i, 5)-120=0$，年金现值 $(P/A, i, 5)=3.33$，查阅年金现值系数表可知，$15\% < i < 16\%$，利用插值法 $(i-15\%)\div(16\%-15\%)=(3.33-3.352)\div(3.274-3.352)$，求出 $i=15.28\%$。

各公司总经理和管理者可根据投资项目的实际情况，选择合适的方法预测投资项目的内部收益率，进而判断项目的财务效益和可行性。

7.1.5 学会预测投资回收期，做出合理的投资决策

投资回收期也称为“投资回收年限”，即投资项目投产后获得的收益总额达到该投资项目投入的投资总额所需要的时间（年限）。

投资回收期的计算方法有很多种，按回收投资的起点时间不同，分为项目投产之日起计算投资回收期和投资项目开始使用之日起计算投资回收期；根据是否考虑资金时间价值，分为静态投资回收期和动态投资回收期。

1. 静态投资回收期

静态投资回收期是不考虑资金时间价值，未来现金净流量累计到原始投资数额时所经历的时间。计算静态投资回收期时要分两种情况：一是未来每年现金净流量相等，二是未来每年现金净流量不相等。

当未来每年现金净流量相等时，利用简单的计算公式就能预测出项目的投资回收期，具体如下。

静态投资回收期 = 原始投资额 ÷ 每年现金净流量

而如果未来每年现金净流量不相等，则需要逐年加总现金净流量，最终确定投资回收期。来看看下面这个案例，对比最终回收期的不同。

实例分析

投资项目的两种不同情况下的静态投资回收期

已知某公司 2020 年初就在准备投资新项目，该项目在一开始时要一次性投入 150.00 万元，且两年后才开始使用，预估每年的收益（现金净流量）为 33.33 万元。那么，在不考虑资金时间价值的情况下，该项目的投资回收期是多少年？

从投产之日起计算的投资回收期 =2+150.00 ÷ 33.33=6.5（年）

从项目开始使用之日起计算的投资回收期 =150.00 ÷ 33.33=4.5（年）

如果预估该项目每年的收益不相等，具体收益情况如表 7–5 所示，那么，投资项目的回收期又是多少呢？

表 7–5

项目＼时间	开始	第 1 年	第 2 年	第 3 年	第 4 年	第 5 年
现金净流量（万元）	−150.00	20.83	29.17	50.00	70.83	62.50
累计净流量（万元）	−150.00	−129.17	−100.00	−50.00	20.83	83.33

从上表数据可看出，该项目在第 4 年时累计净流量变为正数，说明开始盈利。也就是说，项目的投资回收期在 3 ～ 4 年之间，则：

从投产之日起计算的投资回收期 =2+3+(150.00−20.83−29.17−50.00)÷70.83 ≈ 5.7（年）

从项目开始使用之日起计算的投资回收期 =3+（150.00−20.83−29.17−50.00）÷70.83 ≈ 3.7（年）

如果该公司根据实际情况，要求所投项目从开始使用之日起计算的回收期要在 4 年以内，则第 2 种情况更符合要求。但要注意，从上表中的数据可知，每年的收益高低会直接影响投资回收期的长短，因此，并不意味着每年收益不等的回收期一定短于每年收益相等的回收期。

2. 动态投资回收期

项目的动态投资回收期会考虑资金时间价值，是把投资项目各年的现金净流量按基准收益率计算现值，再推算投资回收期，即以未来现金净流量的累计现值等于原始投资额的现值所经历的时间确认为投资回收期。

计算动态回收期时也要分两种情况：一是未来每年现金净流量相等，相关计算公式如下。

$$原始投资额现值 = 每年现金净流量 \times (P/A, i, n)$$

二是未来每年现金净流量不相等。下面以上一个案例为参照，来看看动态投资回收期的计算。

实例分析

投资项目的两种不同情况下的动态投资回收期

已知某公司 2020 年初就在准备投资新项目，该项目在一开始时要一次性投入 150.00 万元，且两年后才开始使用，预估每年的收益（现金净流量）为 33.33 万元，资本成本率为 7%。那么，在考虑资金时间价值的情况下，该项目的投资回收期是多少年？

150.00=33.33×（P/A，7%，n），（P/A，7%，n）=4.50

通过查阅《年金现值系数表》可知，5 < n < 6，利用插值法（5−n）÷（5−6）=（4.10−4.50）÷（4.10−4.767），求得 n=5.6（年）。

从投产之日起计算的投资回收期 =2+5.6=7.6（年）

从项目开始使用之日起计算的投资回收期 =5.6（年）

如果预估该项目每年的收益不相等，但资本成本率仍为 7%，具体收益情况如表 7–6 所示，那么，项目的投资回收期又是多少呢？

表 7–6

时间	现金净流量（万元）	净流量现值（万元）	累计净流量现值（万元）
开始	−150.00	−150.00	−150.00
第 1 年	20.83	16.99728	−133.00272
第 2 年	29.17	22.25671	−110.74601
第 3 年	50.00	35.65	−75.09601
第 4 年	70.83	47.17278	−27.92323
第 5 年	62.50	38.9375	11.01427

上表中的净流量现值由公式“净流量现值 = 净流量 × 复利现值系数”计算得出，并且可以看出，该情况下，投资项目在开始使用之日起第 5 年

累计净流量现值变为正数，说明投资回收期在 4 ～ 5 年之间，则：

从项目开始使用之日起计算的投资回收期 =4+（150.00−16.99728−22.25671−35.65−47.17278）÷38.9375 ≈ 4.7（年）

从投产之日起计算的投资回收期 =2+4.72 ≈ 6.7（年）

该案例与前一个案例所表达的意义相似，即每年的收益高低会直接影响投资回收期的长短，所以，每年收益不等的回收期不一定短于每年收益相等的回收期。

由上述两个案例可知，公司的某个投资项目在计算其投资回收期时，会受到是否考虑资金时间价值和未来每年现金流量是否相等的影响，总经理和管理者在预测项目的投资回收期时一定要结合实际情况。

7.2 总经理要明白投资不是越多越好

有些公司的管理者热衷于投资，认为投资能给公司带来更多额外的收益。但是不是投资项目越多越好呢？显然不是，如果公司的很多投资项目的回收期较长，可能会造成公司可用资金减少，无法保证正常的生产经营，严重时会导致公司面临财务危机。所以，不能过多地进行投资活动。

7.2.1 牢记几种常见的投资陷阱

在公司进行投资活动时，总经理和管理者一定要牢记几种常见的投资陷阱，防止公司在投资项目上栽跟头。常见的投资陷阱有如下几种。

1. 政策性陷阱

我国很多公司都想要充分利用国家的一些政策来投资，以此获取利益。

但对政策性机会的盲目追求却常常使公司在毫无征兆的情况下一步步踏进政策性投资陷阱中。

为什么呢？因为在有些行业中，公司因为满足已知的申报条件而走了投资的第一步，后期政策变化，就可能被深度套牢。对公司来说，这就意味着先进行“资格投资”，然后申报经营资格，风险大大上升，且如果申报条件改变，公司前期的投入就收不回来了。

要避开政策性陷阱，重要的是不过分依赖政策。具体可参考如下 3 点。

- 忌贪小便宜，不能只是因为政策优厚而不考虑投资的其他条件，防止吃大亏。
- 要提高政策应用水平，不要将侥幸心理用在政策上，应量力而行，深度解读政策内容，结合自身实力进行投资。
- 不过分依赖政策，应用政策时也要适度，要及时跟进政策的变化。

2. 非市场竞争陷阱

在公司的投资行为中，垄断部门的市场壁垒是一个极大的投资陷阱。比如，某年某影视大鳄公开宣布退出影视圈，表示退出的原因之一是“影视剧市场不健全，存在垄断、限价等不正当竞争，仅电视台欠 ×× 公司的钱就达到了 2 000.00 万元，这对公司来说是致命的。然而这是圈内普遍存在的现象，只是影视公司都不愿得罪自己的片商而已。

在市政环保、自来水、影视、教育、天然气和银行等垄断行业，以及律师事务所、审计师事务所和会计师事务所等各类事务所中，都存在非市场竞争陷阱，且程度各有不同。而作为企业，要规避这类投资陷阱，只能尽量回避与这些行业有关的投资项目。

3. 人文环境陷阱

人们的文化素质、消费习惯和政策开放程度等，都是人文环境的重要因素，或多或少都会影响企业的投资运作，一旦投资项目与人文环境相背离，就可能使投资项目失败，甚至夭折。因此，公司投资前要做好所处人文环境的考察，否则后期调整投资项目时会花费不必要的支出，并且调整后的投资项目还可能不被市场接受，甚至遭遇其他有关各方的排挤。

比如，在提倡环保的当前社会，绿色环保餐具的预估需求量原本是非常大的，且销售额也非常可观。但是，很多商家却忘了绿色环保餐具价格过高，导致其市场地位很容易被一些所谓的一次性“环保”塑料餐具替代，最终面临公司被迫停产、倒闭的困境。

绿色环保餐具的生产商之所以会失败，很大原因是忽视了人文环境对产品销售的影响，因为对消费群体来说，比起环保意识，对成本的考虑更重要，这就给绿色环保餐具的推广设置了障碍，使得生产商陷入“绿色环保餐具一定有利可图”的陷阱中。

4. 技术及人才陷阱

随着市场对产品质量的需求不断上升，越来越多的公司一味地追求高新技术，不仅自身生产时是这样，就连进行投资活动也这样，认为这样才能保持自己的优势和市场竞争力。然而事实上，公司对高新技术把握不到位，反而会造成投资项目失败。

比如，某制药企业为了将自身生产技术水平定位在“国际先进水平”，盲目地从外国一家小型工程公司引进了还处于试验阶段的生产技术和装置，结果装置一经使用便出现严重问题，而生产技术也无法正常使用。该制药公司的对内投资活动失败了，很明显的原因就是投资过程中盲目追求“国际水平”，没有做好技术可行性的调查、分析和研究，以为抢占了市场先机，却不知自己陷入了技术陷阱。

而人才陷阱与技术陷阱类似，公司一味地追求引进高新技术人才，会增加企业的人力资源成本，从而给公司的正常经营带来威胁。由此可见，技术陷阱和人才陷阱都是公司进行对内投资时容易陷入的陷阱，要避免这些陷阱，可从以下几个方面着手。

- 对还处于实验阶段的新技术，必须经过小试→中试→小规模的投产试验的过程，认真审核新技术的可行性和可操作性。
- 不能盲目地跟从专家、顾问，信任他们的同时要自行验证。
- 公司要从自身规模、投资能力和能否适应目标市场需求等方面出发，选择合适的技术和人才进行投资，尽量避免技术、人才能力等过高或过低的项目。
- 公司投资新行业时，必须要判断相关人才是否合适，如看人才是否有相关从业经验，在公司和行业中的口碑，历史业绩以及人才的个人品质是否与公司文化相匹配等。对技术是否合适的判断主要从技术是否适用于新行业，以及技术的可行性等展开。

7.2.2 学会中断亏损项目，减少公司损失

相信没有公司进行项目投资是为了亏钱吧！大家都奔着投资盈利的目的而进行投资活动，但投资有风险，公司如果面临项目亏损，及时中断项目才是减少公司损失的有效措施。如何才能及时中断亏损项目呢？这就要求总经理学会判断盈亏平衡点，找到中断亏损项目的时机。

在项目投资过程中，总经理和管理者要掌握财务盈亏平衡点，也就是使项目现金净流量现值为 0 的销售水平。首先估算达到盈亏平衡时所需的年均现金流量，然后推算出实现这些现金流量所需的收入水平，最后计算出产生这些收入所要达到的销售量。相关计算公式如下。

年均现金流量＝（销售收入－变动成本－固定成本）×（1－所得税税率）＋折旧
＝[（销售单价－单位变动成本）×销售数量－固定成本]×（1－所得税税率）＋折旧
＝初始投资额 ÷ 年金现值系数

以上公式中，年金现值系数为（$P/A, i, n$），i 为资本成本率或市场利率，

n 为投资期限或固定资产的寿命期。下面来看一个具体的案例分析。

实例分析

估算项目的财务盈亏平衡点，找准中断亏损项目的时机

某公司从事软件开发，为了提高自身的竞争力，决定向某个从事软件研发的高级团队购买一项技术的专利权，有效期为 10 年，共计 120.00 万元，每年摊销额为 12.00 万元。

预期公司应用该技术所生产出的产品售价为 80.00 元 / 台，固定成本 30.00 元 / 台，单位变动成本 14.00 元。公司适用企业所得税税率为 15%，资本成本率为 12%。

年均现金流量 =1 200 000.00 ÷（P/A，12%，10）=1 200 000.00 ÷ 5.65= 212 389.38（元），将该数据代入年均现金流量公式可得：

212 389.38=[（80.00−14.00−30.00）× 销售量]×（1−15%）+120 000.00

销售量 ≈ 3 019（台）

由此可知，当该公司利用该技术生产并销售产品达到每年 3 019 台时，10 年时间刚好不亏不盈；如果平均每年销售超过 3 019 台，则该项投资可以在 10 年时间里达到盈利；如果平均每年销售量低于 3 019 台，则该项投资在 10 年期限届满后仍处于亏损。因此，当公司连续两年或两年以上的销售量都低于 3 019 台时，就应考虑中断该项目的投资，或者采取其他措施提高销售量。

7.2.3 总经理要知道通货膨胀对投资分析有影响

通货膨胀是指商品和服务价格持续上涨的状态，钱会越来越不值钱，“持有现金”在通货膨胀时是最坏的投资，因为通货膨胀会侵蚀货币的购买力。因此，总的来说，通货膨胀会给投资带来负面影响。

很多公司在作出投资决策的过程中只考虑了资金时间价值问题，没有考虑通货膨胀问题。而当前经济市场中，货币流通量远远大于商品流通中需要的货币量，从而引发了通货膨胀。

通货膨胀主要表现为物价上涨，这会对公司的投资收益产生影响，进而影响公司的投资决策，主要涉及以下几个方面。

- **通货膨胀影响售价和成本**：投资方案中的货币收支通常涉及不同的商品或劳务，通货膨胀对这些商品或劳务的售价和成本等有不同程度的影响，这样就会使公司在不同考量标准下选择不同的投资方案，进而做出不同的投资决策。
- **通货膨胀加大了公司获取投资用贷款的难度**：一方面通货膨胀使公司持有的货币性资金贬值，需要公司拥有更多货币资金才能实现原来的投资方案。另一方面，政府为了降低通货膨胀，会控制货币发行量和银行贷款规模。两面夹击使公司面临贷款难的问题。
- **通货膨胀影响固定资产的投资回收效益**：固定资产的使用年限一般较长，很容易受物价波动的影响，如果在通货膨胀时依然按照历史成本为固定资产计提折旧，则折旧费会贬值，从而使固定资产的投资回收期延长，降低其投资回收效益。
- **通货膨胀“吃掉”投资项目的盈利**：在物价稳定条件下，某投资项目的盈利达到了最低期望报酬率，但如果存在通货膨胀，即物价不稳定，则投资活动的一部分盈利就可能被物价上升因素抵消，使投资项目在同等期限内的盈利水平达不到最低期望报酬率。

因此，公司总经理和管理者在为公司寻找投资项目或制定投资决策时，应尽可能地考虑通货膨胀这一因素，可以使投资分析更准确，最终使投资决策更恰当。

总经理
财务管理实操手册

8

学会税务筹划和风险控制，更好地为公司护航

作为纳税人，公司有按相关税法的规定按时缴纳相应税款的义务。由于经营过程中涉及的税务处理比较复杂，所以总经理也需要学习相关的税务知识，以监督和引导员工正确处理税务。另外，公司在经营过程中会面临各种风险，作为公司的领导者，总经理和其他管理人员要学会控制风险，避免公司利益受损。

清楚公司的纳税人身份和适用税率
取消税务登记证后仍要办理税务登记
总经理要对税务处理流程有大概的了解
增值税、消费税及相关联税种的优惠政策
掌握税务筹划的切入点，节税很简单
以风险控制为导向，建立内部审计制度
……

8.1 了解税务的概况，履行好公司的纳税职责

在中小型公司中，总经理需要管理公司内部事务的方方面面，税务也不例外。因此，要更好地监督和指导公司的税务工作，使公司切实履行好纳税职责，学习税务是总经理不得不进行的一项管理工作。

8.1.1 清楚公司的纳税人身份和适用税率

在我国，纳税人身份有两种，一是增值税一般纳税人，二是增值税小规模纳税人。2018 年 5 月 1 日起施行增值税方案调整，将年销售额不超过 500 万元的企业认定为小规模纳税人，相应地，销售额超过 500 万元的企业认定为一般纳税人。

公司按照正常手续流程可以从小规模纳税人变更登记为一般纳税人，但一般不从一般纳税人变更为小规模纳税人。只有在一定期限内允许已登记为一般纳税人的公司转登记为小规模纳税人，所以，总经理要及时与公司内部的税务人员做好协商工作，判断公司是登记为一般纳税人还是小规模纳税人。

除此之外，总经理还要了解我国常见的税种及其适用税率的大致情况，进而确定公司应纳税税种和对应的税率。如表 8-1 所示的是我国常见的 18 种税及其对应的税率情况。

表 8-1

税种	含义	税率
增值税	以商品或劳务在流转过程中产生的增值额为计税依据而征收的一种流转税，实行价外税，在多个环节征收	分 4 个等级，13%、9%、6% 和 0%

续上表

税种	含义	税率
消费税	以特定消费品为课税对象所征收的一种流转税，实行价内税，一般只在应税消费品的生产、委托加工和进口环节征收	税目不同则税率不同，税率为 1% ~ 56% 不等，个别税目采用定额税率和比例税率双重征收方式
城市维护建设税	以纳税人实际缴纳的增值税和消费税的税额为计税依据所征收的一种税，是一种附加税	纳税人在市区，税率 7%；纳税人在县城、镇，税率 5%；纳税人不在上述两种地方，税率 1%
印花税	对经济活动和经济交往中书立、领受具有法律效力的凭证的行为所征收的一种税，在应税凭证上粘贴印花税票为完税标志	有比例税率和定额税率两种形式，比例税率在 0.05‰ ~ 1‰之间不等
企业所得税	对我国内资企业和经营单位的生产经营所得和其他所得征收的一种税	适用税率依具体情况而定，有 10%、15%、20% 和 25% 这 4 种
个人所得税	对本国公民和居住在本国境内的个人的所得和境外个人来源于本国境内的所得征收的一种所得税	以 5 000 元 / 月为免征额，实行 7 级超额累进税率，3% ~ 45% 不等
房产税	以房屋为征税对象，按房屋的计税余值或租金收入为计税依据，向产权所有人或房产使用人等征收的一种财产税	按房屋计税余值计征的，税率 1.2%；按房屋租金收入计征的，税率 12%
契税	指土地和房屋等不动产产权发生转移变动时，就当事人所订契约按价格的一定比例向产权承受人征收的一次性税收	实行 3% ~ 5% 的幅度税率，各地区按实际情况决定具体税率
城镇土地使用税	对使用城市、县城、建制镇和工矿区范围内的土地的单位和个人，以实际占用的土地面积为计税依据，按规定税额计征的一种税	大城市：1.5 ~ 30 元 / 平方米；中等城市：1.2 ~ 24 元 / 平方米；小城市：0.9 ~ 18 元 / 平方米；县城、建制镇、工矿区：0.6 ~ 12 元 / 平方米

续上表

税种	含义	税率
土地增值税	转让国有土地使用权、地上建筑物及其附着物并取得收入的单位和个人，以转让取得的收入（包括货币收入、实物收入和其他收入）扣减法定扣除项目金额后的增值额为计税依据计征的一种税	实行四级超率累进税率，有 30%、40%、50% 和 60% 这 4 档税率，分别对应 0、5%、15% 和 35% 这 4 个速算扣除系数
耕地占用税	对占用耕地建房或从事其他非农业建设的单位和个人征收的税	采用定额税率，根据人均耕地面积的大小，有 5 ~ 50 元 / 平方米不等
车船使用税	对在我国境内应依法到公安、交通、农业、渔业和军事等管理部门办理登记的车辆和船舶等征收的一种财产税	不同税目有不同的年基准税额标准，需根据实际情况确定具体税率
车辆购置税	对在我国境内购置规定车辆的单位和个人征收的一种税，以扣除增值税后的金额为计税价格	实行统一比例税率，10%
船舶吨税	海关对外国籍船舶航行进出本国港口时，按船舶净吨位征收的税；应纳船舶吨税的船舶经特准行驶在我国未设海关港口的，其应纳船舶吨税由当地税务局代征	分 4 个等级，每个等级按 1 年、90 日和 30 日的时长标准规定 × 元 / 净吨的税率，具体参照《吨税税目税率表》
关税	对经过一国关境时的进出口商品征收的税，由政府设置的海关负责征收	有从价、从量、混合和滑动关税等征收方式，具体税率要根据进出口的具体货物确定，可进入“中华人民共和国海关总署”官网查询
资源税	以各种应税自然资源为课税对象而征收的一种税；开采中、优等资源的纳税人还要相应多缴纳一部分资源税	有比例税率和定额税率，具体参考《资源税税目税额幅度表》
环保税	对污水、废气、噪音和废弃物等突出的“显性污染”进行的强制征税	采用定额税率，税目不同，税率不同，可参考《环境保护税税目税额表》
烟叶税	对在中华人民共和国境内收购烟叶的单位征收的一种税	实行比例税率，税率 20%

8.1.2 取消税务登记证后仍要办理税务登记

很多人会认为，取消税务登记证后就可以不用进行税务登记了，其实这是一个误区。办理税务登记和办理税务登记证是两件不同的事情，虽然五证合一后不用再单独办理税务登记证，但税务登记工作还是要做的。

税务登记是税务机关依据税法规定，对纳税人的生产、经营活动进行登记管理的一项法定制度，也是纳税人依法履行纳税义务的法定手续。它包括开业登记、变更登记、停业/复业登记、注销登记、外出经营报验登记、纳税人税种登记和扣缴税款登记等。也就是说，公司仍然需要到当地税务局办理税务登记备案手续，只不过不会再收到税务登记证。

对公司总经理来说，需要了解税务登记工作中的一些大致事项，具体如表 8-2 所示。

表 8-2

登记工作	需要了解的内容
开业 税务登记	公司和公司在外地设立分支机构和从事生产、经营的场所，个体工商户和从事生产、经营的事业单位等，向生产、经营所在地税务机关申报办理税务登记；从事生产、经营的纳税人应当自领取工商营业执照（含临时工商营业执照）之日起 30 日内申报办理开业（设立）税务登记
变更 税务登记	当公司名称、法定代表人、住所和经营地点（不涉及主管税务机关变动的）、生产经营范围以及其他税务登记内容发生重要变化时，要申请办理变更税务登记
停业/复业 税务登记	1. 实行定期定额征收方式的个体工商户需要停业的，应在停业前（通常为停业前一个星期）向税务机关申报办理停业登记。 2. 纳税人应在恢复生产经营前向税务机关申报办理复业登记，如实填写《停、复业报告书》，领回并启用发票领购簿和停业前领购的发票。 3. 纳税人停业期满后不能及时恢复生产、经营的，应在停业期满前填写《延期复业申请审批表》，向主管税务机关提出延长停业登记的申请，如实填写《停、复业报告书》，主管税务机关发放《核准延期复业通知书》后才可以延期。停业期满后未按期复业，且不申请延长停业的，主管税务机关视其为已恢复营业，实施正常的税收征收管理

续上表

登记工作	需要了解的内容
注销税务登记	“先税务，后工商”，纳税人发生解散、破产、撤销及其他情形，依法终止纳税义务的，在向工商行政管理机关或其他机关办理注销登记前，要持有关证件向原税务登记机关申报办理注销税务登记。在办理注销税务登记前，公司结清应纳税款、多退（免）税款、滞纳金和罚款，缴销发票和相关证件，经税务机关核准后，办理注销税务登记手续
外出经营报验登记	纳税人到外县（市）临时从事生产经营活动的，应在外出生产经营前，向主管税务机关申请开具“外出经营活动税收管理证明”（有效期一般为30日，最长不得超过180日），之后纳税人应在“外出经营活动税收管理证明”注明地进行生产经营前，向当地税务机关报验登记，并提交相关资料和证件；外出经营活动结束后应向经营地税务机关填报“外出经营活动情况申报表”，结清税款，缴销发票；在“外出经营活动税收管理证明”有效期届满后10日内，持该证明回原税务登记地税务机关办理“外出经营活动税收管理证明”缴销手续
纳税人税种登记	该税务登记工作一般在办理“开业税务登记”时一并办理，即向税务机关申请办理生产经营范围、纳税事项和应税项目等登记手续
扣缴税款登记	根据税收法律、行政法规的规定负有扣缴税款义务的扣缴义务人，应当办理扣缴税款登记

8.1.3 总经理要明确公司该交哪些税

为了更好地控制公司的税费开支，总经理必须要了解公司该交哪些税费，防止相关人员从中舞弊。

1. 生产型企业

对自身销售的产品要进行加工或装配，有购进原材料和使用人工生产装配的过程的公司，即生产型企业。

在采购环节采购原材料时，会涉及增值税，公司需缴纳增值税进项税额。一般来说，增值税进项税额与采购价款一起支付给销售方，由销售方代收。如果签订了采购合同，公司还涉及缴纳印花税。

在生产环节，如果涉及发放员工工资，则公司会代扣代缴个人所得税。如果公司生产的是应交消费税的特定消费品，则还需缴纳相应的消费税。如果公司在生产环节中发生了委托加工业务，则应视情况而定，看是否需要缴纳增值税和消费税。

在销售环节销售产成品时，会涉及增值税，公司需要缴纳增值税销项税额。如果签订了销售合同，还需要缴纳印花税。

在生产经营过程中涉及买地建厂房占用耕地或城镇土地、购置运货车辆或者转让国有土地使用权等经济事项时，需要缴纳耕地占用税、城镇土地使用税、车辆购置税、车船使用税或土地增值税等税款。

在向税务机关申报缴纳税款时，公司要缴纳各种税款。其中，公司需要缴纳的增值税税额为当月应交增值税销项税额减去当月已缴纳的增值税进项税额的差额（实际缴纳增值税税额），同时还需要根据实际缴纳的增值税税额和消费税税额之和确定应缴纳的城市维护建设税和教育费附加；另外需缴纳的税费有各会计期间合计的印花税、耕地占用税、城镇土地使用税、车辆购置税、车船使用税、土地增值税和代扣代缴的个人所得税等。

除此之外，在申报纳税环节，一项重要的税款是企业所得税，公司需根据当期营业利润计缴所得税税款。

实例分析

以“月”为单位，看公司涉及的税款种类

某公司是一家生产各种鞋的生产商。该公司为增值税一般纳税人，适用税率为 13%，2020 年 5 月发生如下业务。

①5 月 3 日，与当地某化工厂签订原材料采购合同，购进一批染料，不含税采购价为 40 000.00 元，取得增值税专用发票，款项以银行存款支付，5 月 4 日验收入库。

②5 月 7 日，向某皮鞋生产机器制造商购进一台机器，不含税价款为 14 800.00 元，取得增值税专用发票，款项未付。

③5 月 10 日，通过银行打款方式支付上月工资，总计 255 328.00 元。

④5 月 17 日，与当地某家销售鞋的公司签订销售合同，销售各种鞋，共计价款 22.00 万元（不含税），款未付。

⑤5 月 17 日，收到从某反毛皮生产公司购进的反毛皮 1 000 平方英尺，共计 13 000.00 元（不含税），取得增值税专用发票。

⑥5 月 18 日，购置一辆用于公司运送货物的货车，价款为 98 800.00 元（含税），以银行存款支付。

分析上述经济业务可得出该公司当月涉及的税款种类，具体如下。

5 月 3 日的经济业务涉及购销合同印花税和增值税进项税额。

5 月 7 日的经济业务虽没有立即支付货款，但在权责发生制原则下，要确认支出与相应的税费，这里涉及增值税进项税额。

5 月 10 日发放工资会涉及代扣代缴的个人所得税。

5 月 17 日销售生产的鞋，虽然款项未收，但鞋的权益和风险已发生转移，所以要确认销售收入和相关的税费，具体涉及销售合同印花税和增值税销项税额。当天，购进反毛皮涉及增值税进项税额。

5 月 18 日购置货车，在缴纳交强险时会一并缴纳车辆购置税，当月还要计提车船使用税，在 6 月底确认当季应缴纳的车船使用税税额，7 月申报缴纳税款时缴纳当季的车船使用税。

2. 商品流通企业

商品流通企业是指不涉及产品生产环节、直接购进并销售商品的公司。该类企业在不同的经营环节也会涉及不同的税。

在采购环节采购商品时，会涉及增值税，公司需要确认增值税进项税额，一般来说，增值税进项税额与采购价款一起支付给销售方或批发商。如果签订了采购合同，还会涉及印花税。

在销售环节销售商品时，会涉及增值税，公司需要缴纳增值税销项税额。如果签订了销售合同，还会涉及缴纳印花税。

在经营过程中可能会购置公司用车，此时会涉及车辆购置税和车船使用税。如果给员工发放了工资，则还会涉及代扣代缴的个人所得税。

在向税务机关申报缴纳税款时，公司要缴纳各种税款。其中，公司需要缴纳的增值税税额为当月应交增值税销项税额减去当月已缴纳的增值税进项税额的差额（实际缴纳增值税税额），同时还需要根据实际缴纳的增值税税额和消费税税额之和确定应缴纳的城市维护建设税和教育费附加；另外还需要缴纳的税款有各会计期间合计的印花税、车辆购置税、车船使用税和代扣代缴的个人所得税等。除此之外，在申报纳税环节还有一项重要的税款是企业所得税，公司需根据当期营业利润计缴企业所得税税额。

3. 服务型企业

当前经济市场中，服务型企业包括代理公司、旅游公司、餐饮公司、仓储公司、租赁公司、广告公司及咨询服务公司等。与生产型企业相比，服务型企业的一个最大特点就是人力资本在公司资本中的占比较高。

在采购环节采购经营业务所需要的材料或设备时，会涉及增值税进项税额。公司与供应商签订了采购合同的，则还需缴纳印花税。

在提供劳务或服务环节，因为全国范围内全面实施了“营改增”，所以会对这类收入征收增值税，发生增值税进项税额。如果与客户签订了 ×× 服务协议（实质是购销合同），则还会涉及印花税。

在经营过程中可能会购置公司用车，此时会涉及车辆购置税和车船使用税。如果给员工发放了工资，则也会涉及代扣代缴的个人所得税。

在申报纳税阶段，会涉及的税费种类与商品流通企业相似。

8.1.4 总经理要对税务处理流程有大概的了解

无论公司的经营业务涉及多少种税，大致的税务处理流程是不变的。要想掌握税务处理流程的全局情况，总经理要对税务处理流程有大概认识。如图 8-1 所示的是增值税一般纳税人的大致税务处理流程。

第一步：会计期间内计算应缴税费
在生产经营过程中，财务人员核算当期涉及的各种税费，保管好相应的购销发票。

第二步：发票认证
在税款所属期内完成发票认证，在认证通过的次月申报期内申报抵扣进项税额，不足抵扣的部分可结转下期继续抵扣，但当期必须申报。

第三步：抄税
纳税人先通过开票软件将上月开票数据抄入报税盘（税控盘）或 IC 卡，每月开具发票之前需要先进行抄税。

第四步：报税
将已抄至报税盘或 IC 卡中的开票数据报送给税务机关，或者进行网上报税，也可以直接带上相关资料到当地税务机关办税大厅报税。

第五步：缴税
纳税人申报纳税完成后，要根据实际应缴纳的税款填写申报表，完成缴税。在缴税时，公司办税人员可以去当地主管税务机关申报并缴纳相应的税款，此时分两种情况，一是公司与银行税务签订三方协议，直接在网上扣缴税款；二是没有签订三方协议的，也可以用银行卡支付。

第六步：返写监控数据（清卡）
报税、缴税以及进行税务机关系统的“一窗式”比对纳税申报表等工作完成后，税务机关要将监控数据返写到纳税人的报税盘或 IC 卡中，解锁报税盘或 IC 卡，使纳税人的税控开票系统在申报期后可以继续开具发票。

图 8-1　税务处理大致流程

小贴士 *缴纳税款时应注意的细节问题*

当公司的办税人员使用银行卡支付公司的应纳税款时，只能使用个人银行卡，因为公司账户没有银行卡。这种情况下，办税人员要在缴纳税款后凭借税务局或银行开具的收款收据回公司进行报销。

为了让公司的总经理更详细地了解公司税务处理的大致流程，我们来看看下面这个例子。

实例分析

税务人员跑外勤，处理公司的税务事项

卢某是某服装厂的税务人员之一，负责除税费核算外的其他税务工作，如发票认证、抄税、报税和缴税等。公司是增值税一般纳税人，需要开具增值税专用发票，因此购买了税控电脑，相关税务人员和公司采购部员工一起到税务机关指定的单位购买了金税卡、IC 卡（用于开具发票、抄税和购买增值税发票）或 Ukey。

2020 年 5 月 31 日，卢某将当月开出的发票全部进行了认证，以便在 6 月初的纳税申报期内可以进行增值税进项税额抵扣。接着，她又将当月的发票数据全部记入发票 IC 卡或 Ukey 中，完成抄税工作。

6 月 6 日，卢某将发票 IC 卡或 Ukey 中的开票数据报送给税务部门，将发票信息读入税务部门的电脑中，以此作为公司计算税额的依据。6 月 7 日，卢某去当地主管税务机关进行报税，主要做了以下两件事。

1. 报送记录公司 2020 年 5 月的纳税信息的 IC 卡（明细数据备份在软盘上的纳税人，还必须报送备份数据软盘）、增值税专用发票存根联明细表（如图 8-2 所示）、增值税专用发票抵扣联明细表、资产负债表和利润表等资料。申报实行电子信息采集的纳税人，可向主管税务机关报送这些必报资料的电子数据。

2. 填写增值税纳税申报表（如图 8-3 所示）及增值税纳税申报表附列

资料。

增值税纳税申报表附列资料（表四）

（防伪税控增值税专用发票存根联明细）

申报所属期： 年 月

申报日期： 年 月 日

纳税人识别号：

纳税人名称：

金额单位：元至角分

序号	发票代码	发票号码	开票日期	购货方纳税人识别号	金额	税额	作废标志
合计							

图 8-2 增值税专用发票存根联明细表

增值税纳税申报表

（适用于增值税一般纳税人）

根据《中华人民共和国增值税暂行条例》第二十二条和第二十三条的规定制定本表。纳税人不论有无销售额，均应按主管税务机关核定的纳税期限按期填报本表，并于次月1日起15日内，向当地税务机关申报。

税款所属时间：__年__月__日至__年__月__日 填表日期：__年__月__日 金额单位：元至角分

纳税人识别号			所属行业			
纳税人名称			注册地址			
开户行及账号			登记注册类型			
项目		栏次	一般货物及劳务和应税服务		即征即退货物及劳务和应税服务	
			本月数	本年累计	本月数	本年累计
销售额	（一）按适用税率征税销售额	1				
	其中：应税货物销售额	2				
	应税劳务销售额	3				
	纳税检查调整的销售额	4				
	（二）按简易征收办法征税销售额	5				
	其中：纳税检查调整的销售额	6				
	（三）免、抵、退办法出口销售额	7				
	（四）免税销售额	8				
	其中：免税货物销售额	9				
	免税劳务销售额	10				
税款计算	销项税额	11				
	进项税额	12				
	上期留抵税额	13				
	进项税额转出	14				
	免、抵、退应退税额	15				
	按适用税率计算的纳税检查应补缴税额	16				
	应抵扣税额合计	17=12+13+14+15+16				
	实际抵扣税额	18（若17<11，为17）				
	应纳税额	19=11-18				
	期末留抵税额	20=17-18				
	简易征收办法计算的应纳税额	21				
	简易征收办法计算的纳税检查应补缴税额	22				
	应纳税额减征额	23				
	应纳税额合计	24=19+21-23				

图 8-3 增值税纳税申报表（部分）

8.2 了解税收优惠政策，做好税务筹划准备

税收优惠政策是公司进行税收筹划的基础和依据，公司要想通过合理手段达到节税效果，很多时候要依靠税收优惠政策。因此，总经理为了公司着想，了解各税种的税收优惠政策很有必要。

8.2.1 增值税、消费税及相关联税种的优惠政策

在公司的经营过程中，有些税种之间存在联系，比如增值税、消费税与城市维护建设税。相应地，其税收优惠政策也有关联。

◆ 增值税

增值税的优惠政策分为两个角度，免征和减征。免征指不用缴纳增值税的产品、服务或项目，而减征指在原来的征收基础上进行减少征收。当公司经营范围属于免征或减征范围时，就可享受相应的税收优惠。如表 8-3 所示的是增值税的免征、减征范围。

表 8-3

优惠政策	范围
免征项目	1. 农业生产者销售的自产农产品。 2. 避孕药品和用具。 3. 古旧书籍。 4. 直接用于科学研究、科学试验和教学的进口仪器、设备。 5. 外国政府、国际组织无偿援助的进口物资和设备。 6. 由残疾人组织直接进口、供残疾人专用的物品。 7. 销售的自己使用过的物品
减征项目	1. 一般纳税人销售自己使用过的、属于《中华人民共和国增值税暂行条例》第十条规定不得抵扣且未抵扣进项税额的固定资产，按简易办法，依照 3% 征收率减按 2% 征收

续上表

优惠政策	范围
减征项目	2. 小规模纳税人销售自己使用过的固定资产，减按 2% 征收率征收。 3. 一般纳税人销售自产的下列货物，可选择按照简易办法，依照 3% 征收率计缴增值税： ①县级及县级以下小型水力发电单位（指各类投资主体建设的装机容量为 5 万千瓦及以下的水力发电单位）生产的电力。 ②建筑用和生产建筑材料所用的砂、土、石料。 ③以自己采掘的砂、土、石料或其他矿物连续生产的砖、瓦、石灰（不含黏土实心砖、瓦）。 ④用微生物、微生物代谢产物、动物毒素、人或动物的血液或组织制成的生物制品。 ⑤自来水。 ⑥商品混凝土（仅限于以水泥为原料生产的水泥混凝土）。 4. 一般纳税人销售以下物品，暂按简易办法，依照 3% 征收率征收： ①寄售商店代销寄售商品（包括居民个人寄售的物品）。 ②典当业销售死当物品。 ③经国务院或国务院授权机关批准的免税商店零售的免税品

需要注意的是，增值税的免税、减税项目由国务院规定，任何地区、部门均不得自行规定免税、减税项目。

◆ 消费税

消费税本身就是对特定货物与劳务征收，因此没有太明显的税收优惠政策，但纳税人出口应税消费品的，会免征消费税，国务院另有规定的除外。并且，出口应税消费品的免税办法由国务院财政、税务主管部门规定。

◆ 城市维护建设税

城市维护建设税没有特定的税收优惠，其享受的优惠均来源于增值税和消费税的优惠政策。

8.2.2 印花税的优惠政策

中小型公司涉及的印花税税额一般不多，但这不能否认该税确实存在税收优惠政策，主要分为免征和暂免征两类，具体政策如表 8–4 所示。

表 8–4

优惠政策	范围
免征	1. 已缴纳印花税的凭证的副本或抄本，但视同正本使用者除外。 2. 财产所有人将财产赠给政府、社会福利单位或学校时所立的书据。 3. 国家指定的收购部门与村民委员会、农民个人等书立的农副产品收购合同。 4. 无息、贴息贷款合同。 5. 外国政府、国际金融组织向中国政府、国家金融机构提供优惠贷款所书立的合同。 6. 企业因改制而签订的产权转移书据。 7. 农民专业合作社与本社成员签订的农产品和农业生产资料购销合同。 8. 对商店、门市部的零星加工修理业务开具的修理单等
暂免征	1. 农林作物、牧业畜类保险合同。 2. 书、报、刊发行单位之间，发行单位与订阅单位或个人之间书立的凭证。 3. 房地产管理部门与个人订立的、用于生活居住的租房合同。 4. 铁路、公路、航运、水路承运快件行李或包裹开具的托运单据。 5. 企业与主管部门等签订的租赁承包经营合同（不属于财产租赁合同）。 6. 经国务院和省级人民政府决定或者批准进行政企脱钩、对企业（集团）进行改组和改变管理体制、变更企业隶属关系，国有企业改制、盘活国有企业资产，发生的国有股权无偿划转行为等

8.2.3 企业所得税和个人所得税的优惠政策

企业所得税和个人所得税均是对“所得”征税，虽然个人所得税是公司员工应缴纳的税费，但这会涉及公司代扣代缴个人所得税的账务处理，因此，总经理也要对个人所得税的优惠政策有所了解才行。

◆ 企业所得税的优惠政策

企业所得税是税收优惠政策中的一个大项，包括税前扣除、直接减免、定期减免、低税率、加计扣除、投资抵税、减计收入以及免征额优惠等政策。各类型优惠政策的具体范围如表 8–5 所示。

表 8-5

优惠政策	范围
税前扣除	1. 纳税人在生产经营期间，向金融机构借款的利息支出，按实际发生数扣除；向非金融机构借款的利息支出，不高于按照金融机构同类、同期贷款利率计算的数额以内的部分，准予扣除。 2. 企业合理的工资、薪金予以据实扣除，对明显不合理的工资、薪金，则不予扣除。 3. 在职工福利费、工会经费和职工教育经费方面，扣除标准分别为 14%、2%、8%。其中，职工教育经费支出不超过工资薪金总额 8% 的部分，准予扣除；超过部分，准予在以后纳税年度结转扣除。 4. 纳税人的公益、救济性捐赠，在年度会计利润的 12% 以内的，允许扣除。超过 12% 的部分不得扣除。 5. 企业发生的与生产经营有关的业务招待费支出按照发生额的 60% 扣除，但最高不得超过当年销售额的 5‰等
直接减免	1. 免征：蔬菜、谷物、油料、豆类、水果等种植，农作物新品种选育，中药材种植，林木种植，牲畜、家禽饲养，林产品采集，灌溉、农产品加工、农机作业与维修，远洋捕捞，公司 + 农户经营。 2. 减半征收：花卉、茶及饮料、香料等作物的种植，海水、内陆等养殖
定期减免	1. 两免三减半（自取得第一笔生产经营收入所属纳税年度起）：经济特区和上海浦东新区重点扶持的高新企业，境内新办软件企业（获利），经营产品小于 0.8μm 的集成电路企业。 2. 三免三减半（自取得第一笔生产经营收入所属纳税年度起）：国家重点扶持的公共基础设施项目，符合条件的环境保护、节能节水项目，节能服务公司实施合同能源管理项目
低税率	1. 税率 20%：资产总额不超过 3000 万元、人数不超过 100 人且年应纳税所得额不超过 30 万元的小型微利企业（具体指工业企业）。 2. 税率 15%：国家重点扶持的高新技术企业，投资 80 亿元、0.25μm 的电路企业，西部开发鼓励类产业企业。 3. 税率 10%：非居民企业优惠，国家布局内重点软件企业
加计扣除	1. 据实扣除后加计扣除 50%：研究开发费，形成无形资产的按成本 150% 摊销（2018 年 1 月 1 日 ~ 2020 年 12 月 31 日之间的为 175%）。 2. 据实扣除后加计扣除 100%：企业安置残疾人员所支付的工资
投资抵税	1. 投资额的 70% 抵扣应纳税所得额：投资未上市的中小高新技术企业两年以上的创投企业（股权持有满两年）。 2. 投资额的 10% 抵扣税额：购置并实际使用的环保、节能节水、安全生产等专用设备

续上表

优惠政策	范围
减计收入	1. 减按收入 90% 计入收入：农户小额贷款的利息收入，为种植、养殖业提供保险业务的保费收入。 2. 所得减按 50% 计入收入：应纳税所得额低于 3 万元的小型微利企业
免征额优惠	居民企业转让技术所有权所得，以 500 万元为基准点，不超过 500 万元的部分免税；超过 500 万元的部分，减半征收

企业所得税的部分优惠政策会受时间限制，有一定的时效性，总经理在为公司寻找税收优惠方案时，一定要留意当地的具体税收优惠政策。

◆　个人所得税的优惠政策

总经理要知道，公司需要给有缴纳个人所得税义务的员工代扣代缴个人所得税，因此，有必要了解个人所得税的优惠政策。大概有两类优惠政策，一是免征额，二是减免项目，具体如表 8-6 所示（减免项目较多，表中只列举常见的一些）。

表 8-6

优惠政策	范围
免征额	即在征税对象总额中免予征税的数额，它是按照一定标准从征税对象总额中预先扣减的数额，免征部分不征税，只对超过免征额部分征税。比如，某员工当月的工资为 5 001.00 元，那么只对扣减了 5 000.00 元后剩余的 1.00 元缴税
减免项目	1. 省级人民政府、国务院部委和中国人民解放军以上单位，以及外国组织、国际组织颁发的科学、教育、技术、文化，卫生、体育、环境保护等方面的奖金，免征个人所得税。 2. 福利费，即由于某些特定事件或原因而给职工或其家庭的正常生活造成一定困难，企业、事业单位、国家机关、社会团体从其根据国家有关规定提留的福利费或者工会经费中支付给职工的临时性生活困难补助，免征个人所得税。 3. 按照国家统一规定发给干部、职工的安家费、退职费（指个人符合《国务院关于工人退休、退职的暂行办法》规定的退职条件并按该办法规定的标准领取的退职费）、退休费、离休工资、离休生活补助费，免征个人所得税

小贴士 *不能把 5000 元称为“起征点”*

起征点是征税对象达到征税数额开始征税的界限，征税对象的工资数额未达到起征点时不征税，一旦征税对象的工资数额达到或超过起征点时，则要就全部的工资数额征税，而不是只对超过起征点的部分征税。比如，某员工工资为 5 001.00 元，则要以 5 001.00 元为基数缴税，而不是以 1 元为基数缴税。

8.2.4 房产税、契税的优惠政策

房产税和契税均与房屋、土地权属有关，但纳税义务人有区别，具体的税收优惠政策也不同。

◆ 房产税

如果公司有自己的房产，还需要按规定缴纳房产税，对此，总经理也要了解房产税税收优惠的大致情况，主要有如下一些。

①由国家财政部门拨付事业经费的单位自用房产，免征房产税，但学校的工厂、商店和招待所等应照章纳税。

②损坏不堪使用的房屋和危险房屋，经有关部门鉴定，在停止使用后可免征房产税。

③纳税人因房屋大修导致连续停用半年以上的，在房屋大修期间免征房产税。

④在基建工地为基建工地服务的各种工棚、材料棚、休息棚、办公室、食堂、茶炉房和汽车房等临时性房屋，在施工期间一律免征房产税。但工程结束后，施工企业将这类临时性房屋交还或估价转让给基建单位的，应从基建单位接收的次月起照章纳税。

◆ 契税

如果公司承受了房屋或土地的权属，应按规定缴纳契税。而契税也有

相应的税收优惠政策，主要有如表 8-7 所示的一些。

表 8-7

条目	政策内容
1	国家机关、事业单位、社会团体、军事单位承受土地、房屋，用于办公、教学、医疗、科研和军事设施的，免征契税
2	纳税人的土地、房屋被县级以上人民政府征用后，重新承受土地、房屋权属的，由省级人民政府确定是否减免
3	纳税人承受荒山、荒沟、荒丘和荒滩等土地使用权，并用于农、林、牧、渔业生产的，免征契税
4	依照我国有关法律规定和我国缔结或参加的双边和多边条约或协议的规定，应当予以免税的外国驻华使馆、领事馆、联合国驻华机构和其外交代表、领事官员和其他外交人员，承受土地、房屋权属的，经外交部确认，可以免征契税
5	城镇职工按规定第一次购买公有住房的，免征契税
6	因不可抗力灭失住房而重新购买住房的，酌情准予减征或免征契税
7	财政部规定的其他减征、免征契税的项目

小贴士 *双边和多边条约或协议*

从字面意义上理解，双边条约或协议是指两个国家之间一对一签订的条约或协议；多边条约或协议是指两个以上国家之间，或国家组成的国际组织之间，或国家与国际组织之间签订的条约或协议。

8.2.5 城镇土地使用税、土地增值税和耕地占用税的优惠政策

这 3 种税都与公司占用的土地有关，但三者之间有明显区别，税收优惠政策也不同。

◆ 城镇土地使用税

如果公司旗下的工厂或生产车间占用了城市、县城、建制镇即工矿区

范围内的土地，则需要缴纳城镇土地使用税。该税种也有优惠政策，具体有如表 8-8 所示的四大类优惠。

表 8-8

优惠政策	范围
国家预算收支单位的自用地	1. 国家机关、人民团体、军队自用的土地，免征。 2. 由国家财政部门拨付事业经费的单位自用土地，免征。 3. 直接用于农、林、牧、渔业生产用地，免征。 4. 企业办地与其他用地有明确区分的学校、医院和幼儿园等用地，免征
国有重点扶持项目	1. 对企业的铁路专用线、公路等用地，在厂区以外，与社会公用地段未加隔离的，暂免征收。 2. 对企业厂区以外的公共绿化用地和向社会开放的公园用地，暂免征收。 3. 对水利设施及其管护用地（如水库库区、大坝、堤防、灌渠和泵站等用地），免征
减免政策	下列土地由省、自治区、直辖市地方税务局确定减免土地使用税： 1. 免税单位职工家属的宿舍用地。 2. 集体和个人办的各类学校、医院、托儿所和幼儿园用地
特殊规定	1. 宗教寺庙、公园、名胜古迹自用土地，免征。 2. 市政街道、广场、绿化地带等公共用地，免征。 3. 凡是缴纳了耕地占用税的土地，从批准征用之日起满一年后征收城镇土地使用税

◆ 土地增值税

公司经营过程中发生国有土地使用权、地上建筑物及其附着物等转让经济事项，并取得转让收入，此时要缴纳土地增值税。相关的税收优惠分为两大类：一是税项扣除，二是免税，主要政策如表 8-9 所示。

表 8-9

优惠政策	范围
税项扣除	1. 法定税项扣除：取得土地使用权所支付的金额、开发土地和新建房及配套设施的成本和费用、旧房及建筑物的评估价格、与转让房地产有关的税费以及财政部规定的其他扣除项目，准予在计算土地增值税时扣除。 2. 代收费用扣除、地价款和税费扣除、评估费用扣除等

续上表

优惠政策	范围
免税	1. 纳税人建造普通标准住宅出售，增值额未超过扣除项目金额的20%，或者因国家建设需要依法征用、收回的房地产，免征。 2. 因城市规划、国家建设的需要而搬迁，由纳税人自行转让原房地产的，经税务机关审核，免征。 3. 以房地产作价入股进行投资或联营的，转让到所投资、联营的企业中的房地产，免征。 4. 房产所有人、土地使用权所有人通过中国境内非营利社会团体、国家机关将房屋产权、土地使用权赠予教育、民政和其他社会福利、公益事业，免征。 5. 企事业单位、社会团体及其他组织转让旧房作为廉租住房、经济适用住房房源，且增值额未超过扣除项目金额 20% 的，免征

◆ 耕地占用税

公司的建立如果占用了耕地，且用于建房或从事其他非农业建设，则需要缴纳耕地占用税。该税种的税收优惠政策分两类：免征和减征，具体情况如表 8–10 所示。

表 8-10

优惠政策	范围
免征	1. 军事设施占用耕地。 2. 学校、幼儿园、养老院、医院占用耕地等
减征	铁路线路、公路线路、飞机场跑道、停机坪、港口、航道等占用耕地，减按 2 元 / 平方米的税额征收

8.2.6 车船使用税、车辆购置税的优惠政策

很多纳税人会把车船使用税和车辆购置税混淆，这会使税务筹划工作存在隐患，因此总经理要能严格区分两种税的具体优惠政策。

◆ 车船使用税

最新的《中华人民共和国车船税法实施条例》全文通过对车船税立法

改革，完善了现行政策。

节约能源、使用新能源的车船，可以免征或减半征收车船税。免征或减半征收车船税的车船范围，由国务院财政、税务主管部门及国务院相关部门商议制订，报国务院批准。

对受地震、洪涝等严重自然灾害影响，纳税困难，及其他特殊原因确实需要减免税的车船，可在一定期限内减征或免征车船税。具体减免期限和数额由省、自治区、直辖市人民政府确定，报国务院备案。

◆ 车辆购置税

公司在经营过程中，若有需要，也会涉及车辆的购买，这样的车辆俗称“公车”，此时，公司需要缴纳车辆购置税。那么，该税有哪些优惠政策也需要总经理了解。具体有如表 8-11 所示的两大类。

表 8-11

优惠政策	范围
减免	1. 设有固定装置的非运输车辆（挖掘机、平地机、叉车、铲车、起重机、推土机等工程机械），免税。 2. 有国务院规定予以免税或者减税的其他情形的，按规定免税、减税
退税	1. 公安机关车辆管理机构不予办理车辆登记注册手续的，凭公安机关车辆管理机构出具的证明办理退税手续。 2. 因质量等原因而退回所购车辆的，凭经销商的退货证明办理退税手续

8.2.7 其他税种的优惠政策

还有一些税没有前述税种那么常见，涉及的公司也不普遍，比如船舶吨税、关税、资源税、环保税和烟叶税等。但为了更好地服务于公司，总经理也要对这些税种的优惠政策做简单了解，如表 8-12 所示（环保税和烟叶税还没有具体的税收优惠政策）。

表 8-12

优惠政策	范围
船舶吨税	下列船舶免征吨税： 1. 应纳税额在人民币 50 元以下的船舶。 2. 自境外以购买、受赠、继承等方式取得船舶所有权的初次进口到港的空载船舶。 3. 吨税执照期满后 24 小时内不上下客货的船舶。 4. 非机动船舶（不包括非机动驳船）。 5. 捕捞、养殖渔船。 6. 避难、防疫隔离、修理、终止运营或拆借，并不上下客货的船舶等
关税	1. 关税税额在人民币 50 元以下的单一货物，无商业价值的广告品和货样，进出境运输工具装载途中必需的燃料、物料和饮食用品，以及来料加工进口的材料、零件和配件等复出口的，免征。 2. 经海关核准暂时进境或出境，并在 6 个月内复运出境或进境的展览品、施工机械和仪器等，暂免征税。 3. 因故退还的中国出口货物，可免征进口关税，但已征收的出口关税不予退还。 4. 因故退还的境外进口货物，可免征出口关税，但已征收的进口关税不予退还
资源税	1. 开采原油过程中用于加热、修井的原油，免税。 2. 纳税人开采过程中由意外事故等造成损失的，可适当减免税。 3. 自 2018 年 4 月 1 日至 2021 年 3 月 31 日，对页岩气资源税（按 6% 的规定税率）减征 30%。 4. 国务院规定的其他减免税项目

8.3 学习税务筹划，为公司谋利

在税法规定的范围内，公司通过对经营、投资和理财等活动的事先筹划和安排，尽可能地获得“节税”的税收利益的行为，称为税务筹划。总经理学习税务筹划，可以为公司减轻税负，带来更多效益。

8.3.1 掌握税务筹划的切入点，节税很简单

在了解了相关税种的税收优惠政策后，要具体实施税务筹划时，总经理需要掌握合理的切入点，这样才能更有效地找准筹划方法。

◆ 切入点一：选择税源大的税种

原则上，税务筹划是针对一切税种的，但由于不同税种性质不同，税务筹划的途径、方法和收益就会不同。实际操作中，一般税源大的税种，税负伸缩的弹性就大。所以可选择对决策有重大影响的税种作为税务筹划的重点；也可选择税负弹性大的税种作为税务筹划重点，这样税收扣除越大，税收优惠越多，税负就越轻。

◆ 切入点二：税收优惠政策

在税制的设计工作中，税收优惠是其中一个需要考虑的重要因素。公司充分利用税收优惠政策，可在很大程度上享受节税收益。当公司将税收优惠政策作为税务筹划的切入点之一时，需要注意两个问题：一是纳税人不能曲解税收优惠条款的意思，不得滥用规定，更不得以欺骗手段骗取税收优惠；二是纳税人应充分了解优惠条款，按规定程序申请享受税收优惠，避免因程序不合格而失去优惠权益。

◆ 切入点三：纳税人身份

按照我国各种税法的规定，只要企业不属于某种税的纳税人，则不需要核算该税种应缴纳的税费。由此可见，公司可以避开称为某税种的纳税人，从而达到税务筹划目的，减轻公司的税负。

假设某公司当月实现销售收入 S 元，采购支出 C 元（不含税）。如果为增值税一般纳税人，适用税率为 13%，则当月实际应缴纳的增值税税额为“（$S-C$）×13%”；如果为小规模纳税人，适用税率为 3%，则当月实际缴纳增值税税额包括采购环节材料款中的部分和销售环节应缴纳的部

分，即“（$S+C$）×3%”。将两种情况的税额列为不等式，就可知道如何选择纳税人身份了。

◆ 切入点四：财务管理的细节

公司财务管理包括筹资管理、投资管理、资金运营管理和收益分配管理，每项管理内容都有税务筹划的工作可做。

比如按照税法规定，负债的利息可作为所得税的扣除项目在税前扣除，享有所得税利益，而股息支付只能在公司税后利润中分配。因此，与股权筹资方式相比，债务资本筹资就有节税优势。又如，融资租赁有明显的节税优势，因为融资租赁不仅可使企业最终获得资产的所有权，同时还能保存公司的举债能力，而且支付的租金利息可计入固定资产入账价值在计算企业所得税前扣除，从而减少纳税基数，达到减少应缴税款的目的。

◆ 切入点五：投资方式

公司在选择投资方式时，如果要投资一条生产线，可衡量全新购建与收购一家账面几年亏损的企业这两种方式的优劣，选择纳税少的方式。另外，总经理在此过程中要注意收购亏损企业可能带来所得税降低的情况。

8.3.2 什么是节税

作为公司总经理，要督促财务人员认真学习和贯彻税收优惠政策，主要从如下几个方面入手。

1. 改变公司经营模式

对于外商投资企业，我国有一些税收优惠政策，比如对外商投资企业暂不征收城镇土地使用税、城市维护建设税、教育费附加和地方教育附加等。所以，将公司由内资企业向中外合资、合作经营企业等经营模式过渡，是一种享受更多减税、免税的好办法。

另外，外商投资企业实质是有外国投资者出资，这样公司可利用一切与“外国”相关的税收优惠政策来对涉及的税种进行税务筹划。

2. 将公司注册到国家认定的享受税收优惠的地区

在我国，目前凡是在经济特区、沿海经济开发区、经济技术开发区所在城市的老市区以及国家认定的高新技术产业区、保税区等位置设立的生产、经营、服务型企业和从事高新技术开发的企业，都可享受较大程度的税收优惠。

因此，中小型企业在选择公司注册地时可有目的性地选择以上特殊区域，从事生产、经营。

3. 进入特殊行业设立公司

这里的特殊行业指托儿所、幼儿园、养老院、残疾人福利机构提供的养育服务，婚姻介绍、殡葬服务，医院、诊所和其他医疗机构提供的医疗服务，以及安置“四残人员”占公司生产人员 35% 以上的民政福利企业经营的业务（广告业除外）等。

比如，托儿所、幼儿园提供的保育和教育服务，可免征增值税。这里的托儿所、幼儿园是指经县级以上教育部门审批成立、取得办园许可证的、实施 0 ~ 6 岁学前教育的机构，包括公办和民办的托儿所、幼儿园、学前班、幼儿班和保育院等。

对于民办托儿所和幼儿园来说，免征增值税的收入是指，在报经当地有关部门备案并公示的收费标准范围内收取的教育费、保育费。超过规定收费标准的收费，如以开办实验班、特色班和兴趣班等为由另外收取的费用以及与幼儿园挂钩的赞助费、支教费等，不属于免征范围。

4. 合理提高职工福利

对中小型公司来说，在生产经营环节可以考虑适当提高员工工资和福利待遇，使得总的工资支出不超过税法规定的计税工资，这样能在计算企业所得税时全额扣减工资支出，最大程度地发挥工资的税前扣除效用。

具体措施有建立职工养老基金、事业保险基金和职工教育基金等统筹基金，或者为公司自身购买财产保险和运输保险等。这些费用可在成本中列支，减少纳税基数，从而减轻税负，同时还能调动员工的工作积极性，降低经营风险，达到良好的综合效益。

5. 选择不同的销售方式

公司根据自身情况，可选择不同的销售方式，这样就能合理地计划需要确认的收入，进而减轻当期税负。下面来看一个具体的实例。

实例分析

捆绑销售中的节税奥妙

某运动鞋专卖店临近换新品的时间，于是通过“买一赠一”的促销方式最大限度地售出旧款运动鞋。这一活动的具体内容是：买一双价值 299.00 元的运动鞋，就可获赠两双价值 20.00 元的棉袜。

根据税法规定，企业将自产、委托加工或购买的货物无偿赠送他人时，应视同销售计算缴纳增值税，因而，赠送的棉袜也要缴纳增值税。当顾客购买 299.00 元的运动鞋时，账务处理上其增值税销项税额为：销售收入 ÷（1 + 税率）× 税率。已知增值税税率为 13%。

即销项税额 =（299.00 + 20.00）÷（1 + 13%）× 13% = 36.70（元）

如果专卖店将赠送改为销售折扣，将促销的运动鞋按正常销售行为对待，同时把棉袜按其价值以销售折扣的形式返还给客户。

开具发票时填写运动鞋一双，价格 299.00 元，棉袜两双，价格 20.00 元，同时以折扣的形式将20.00元反映在发票上，直接返还给客户，发票上的净值就为299.00元，同时客户实际支出也只需299.00元。

这样一来，折扣的20.00元直接冲减店铺的销售收入，此时的增值税销项税额为：（299.00+20.00−20.00）÷（1 + 13%）×13% = 34.40（元）。

这两种促销手段都是捆绑销售，但第二种促销手段可少缴2.30（36.70 − 34.40）元的增值税。当每月都有较稳定的大销量时，如360双，每月就能节省828.00元（360×2.30元）的税款。

由上述案例可知，公司在选择销售方式时，恰当的销售方式可以减少公司应缴税额，减轻税负。因此，总经理要帮助公司选择合适的销售方式。

8.3.3 利用税收优惠进行税务筹划时的要素

通过对本章8.2节内容的学习，我们可以归纳出利用税收优惠政策进行税务筹划的几个要素。

1. 利用免税

在合法、合理的情况下，使纳税人成为免税人或免税对象，或使纳税人从事免税活动，可免缴相应的税款。一般来说有如下两类不同目的的免税政策。

- **税收照顾性质的免税**：对纳税人来说只是一种财务利益的补偿，只是补偿损失，不能达到节税目的，而且往往只在非常情况或非常条件下才能享受。
- **税收奖励性质的免税**：对纳税人来说是财务利益的取得，可以达到节税的目的。

虽然利用免税政策可直接免除纳税人的纳税义务或应纳税额，操作也很简单，但是这种手段适用于特定的项目，筹划空间有限，而且这些项目很多都是投资收益率较低或者投资风险较高的项目，如高新技术项目，使得免税政策使用起来具有一定的风险。所以，利用免税方法进行税务筹划时，以尽量争取更多的免税待遇和尽量延长免税期为要点。

2. 利用减税或税率差异

利用减税进行税务筹划是指在合法、合理的情况下，使纳税人减少应纳税收而直接节税。一般来说有如下两类不同目的的减税政策。

- **照顾性质的减税：**是指纳税人因为各种不可抗力因素造成财务损失，而国家对这部分损失进行补偿的减税措施，如国家对遭受自然灾害地区的企业、残疾人企业等减税。
- **奖励性质的减税：**是指国家对纳税人贯彻国家政策的财务奖励，如对高新技术企业、公共基础设施投资企业等减税，这样减税的效果对纳税人来说是财务利益的取得。

这种税务筹划方法与免税类似，其操作也比较简单，但适用范围狭窄，且有一定风险。在合法、合理的情况下，尽量争取减税待遇并使减税最大化和使减税期最长化是该方法的筹划要点。

利用税率差异进行税务筹划是指在合法、合理的情况下，利用税率的差异而直接节税。这两种方式很相似，在实际操作中经常配合使用。

比如，A、B、C 这 3 个国家的企业所得税主要税率是相同的，其他条件或税收利弊等因素基本相似。M 公司主营的产品几乎都销往世界各国，按照 A 国的规定，M 公司需按照主要税率征收企业所得税；按照 B 国的规定，M 公司可享受减征 20% 的企业所得税；按照 C 国的规定，M 公司可享受减征 35% 的企业所得税。不考虑经营期限的问题，M 公司可考虑将公司或子公司设立在 C 国，达到节税最大化目的。

3. 利用税收扣除

在合法、合理的情况下，以增加扣除额的方式，或调整各个计税期的扣除额来实现相对节税。在收入相同的情况下，各项扣除额、冲抵额等越大，计税基数就越小，应纳税额也就越小，从而实现节税。

该方法涉及的税务筹划技术比较复杂，适用范围较广，具有相对确定性。总经理要想帮助公司节减更多的税收，就要精通所有有关的最新税法，计算出结果并加以比较。

在合法、合理的情况下，使扣除项目最多化、扣除金额最大化和扣除最早化等是利用税收扣除进行税务筹划的要点。

4. 利用税收抵免

在合法、合理的情况下，使税收抵免额增加而节税。税收抵免额越大，冲抵应纳税额的数额就越大，应纳税额就越小，从而节减的税额就越多。

利用税收抵免进行税务筹划的要点在于使抵免项目最多化、抵免金额最大化。

5. 利用退税

在合法、合理的情况下，使税务机关退还纳税人已纳税款而直接节税。在已缴纳税款的情况下，退税相当于偿还了缴纳的税款，节减了税收，退税额度越大，节减的税收就越多。

6. 利用分劈技术

该方法是指在合法、合理的情况下，使公司的所得、财产在两个或更多个纳税人之间进行分劈而直接节税。很多国家的所得税通常采用累进税率，计税基数不断增大的同时，对应的税率就会越高，如果将所得或者财产在两个或两个以上的纳税人之间进行分劈处理，则会使每一个纳税人的计税基数降低，从而适用低税率档次，少缴税款，减轻税负。

比如，应税所得额在 30.00 万元以下的，适用税率 20%，应税所得额超过 30.00 万元的，适用税率 25%。某公司应税所得额为 35.00 万元，则应纳所得税为 8.75 万元（35.00 万元 ×25%）。但如果公司在不影响生产经营的情况下一分为二，每个公司承担 17.50 万元的应税所得，则应纳所得税额为 7.00 万元（17.50 万元 ×20%×2），节减所得税 1.75 万元（8.75 万元 −7.00 万元）。

采用分劈技术节税的要点在于使分劈合理化、节税最大化。该方法涉及的技术比较复杂，要谨慎使用。

8.4　总经理懂风险控制，为公司发展披荆斩棘

风险控制是指风险管理者采取各种措施和方法，消灭或减少风险事件发生的各种可能性，或减少风险事件发生时造成的损失。由此看来，公司总经理和其他管理者懂风险控制，可给公司的经营提供保障，为公司的发展一路披荆斩棘。

8.4.1　以风险控制为导向，建立内部审计制度

良好的公司治理离不开有效的控制系统，公司生产经营过程中的每个环节都需要得到有效控制。但是，即使管理者和员工们都提高了警惕，也不能完全防止心怀不轨的管理者和员工将公司置于危险境地。

而内部审计是风险控制的手段之一，了解公司战略目标和内控制度，发现潜在风险，测试风险控制的效果，找到控制的漏洞，提出合理的控制建议，进而对风险控制的实施进行跟踪和监控，完善公司的风险控制体系。

以风险控制为导向、以风险评估为中心，开展审计工作。通过对公司

开展风险评估工作，了解公司面临的主要经营风险，从而在审计测试阶段对关键的经营环节和交易进行科学测试，全面客观地评价公司的风险控制现状。因此，总经理要清楚，在以风险控制为导向建立内部审计制度时，要注意以下一些问题。

- 内部审计在开展内部审计活动时要紧扣风险控制的工作思路。
- 在开展审计工作的全过程中，都要以风险控制为出发点和落脚点。
- 内部审计制度是对内部审计工作的指导和说明，内部审计工作是对风险控制的有效性进行评价，通过分析公司中存在的违规事件产生的背景，预测经营风险。

总经理要知道，内部审计制度中包含了4项内容：财务审计、经营审计、管理审计和风险管理。如图8-4所示的是某公司内部审计制度的部分内容。

××公司内部审计制度

第一章 总则

第一条 为了加强本公司的内部审计工作，根据国家有关审计的法律法规和股份公司规范化的要求，结合本公司实际，特制定本制度。

第二条 本制度所称被审计对象，特指公司各部室、境内全资或控股子公司，上述机构相关责任人员。

第三条 本制度所称内部审计，包括监督被审计对象的内部控制制度运行情况，检查被审计对象会计账目及其相关资产，监督被审计对象预决算执行和财务收支，评价重大经济活动的效益等行为。

第二章 内部审计机构和人员

……

第三条 内部审计人员有下列行为之一的，根据情节轻重，董事会给予行政处分、追究经济责任：

1.利用职权谋取私利的。

2.弄虚作假、徇私舞弊的。

3.玩忽职守、给公司造成经济损失的。

4.泄露公司秘密的。

上述行为，情节严重、构成犯罪的，应移送司法机关依法追究刑事责任。

第七章 附则

第一条 本制度未尽事宜，按照国家有关法律、法规和公司章程的规定执行；本工作规则如与国家日后颁布的法律、法规或经合法程序修改后的章程相抵触的，按照国家有关法律、法规和公司章程规定执行，并立即修订，报董事会会议审议通过。

第二条 本制度解释权归属公司董事会。

第三条 本制度自董事会决议通过之日起实行。

图8-4 内部审计制度（部分）

除此之外，总经理要了解公司根据内部审计制度要做的内部审计具体工作，主要有如下4个方面。

- 对公司内部会计控制制度，尤其是涉及内部牵制问题的制度的健全性、有效性和恰当性等进行检查、监督和评价，提出改进意见。
- 对确认、计量、分类和报告财务经营信息的措施，以及交易业务、金额和范围等，进行检查、监督和评价。
- 检查、监督和评价经济活动的经济性、效率和效果，其中包括企业对这些经济活动的非财务控制的检查、监督和评价。
- 对企业遵循法律、规定、其他外部要求，以及管理当局政策、指令和其他内部要求等的情况，进行检查、监督和评价。

8.4.2 总经理如何分散财务风险

分散财务风险是化解公司财务风险的办法之一，一般通过企业之间联营、多种经营以及对外投资多元化等方式来实现分散的目的。

第一，如果想要投资的项目风险较大，则可邀请其他公司一起共同投资，获得的利益共享，面临的风险共担，达到分散风险的目的，从而避免公司独立承担投资风险而产生财务风险。

第二，针对市场需求的不确定性和易变性，公司可同时采用多种经营方式，或者同时经营多种产品，以此分散经营风险和财务风险。

实例分析

改变单一经营产品，努力尝试多元化经营

某公司是一家专门生产手机设备的企业，其生产的产品销量一直不错，并且有相对稳定的客源。但商场如战场，局势在不断变化。随着电话在人们生活中的普及，需求已接近饱和状态，销量开始出现下滑。

为了开拓出新的销路，转变单一的生产模式，走出经营难以为继的窘境，公司总经理与管理者们商议，开展多元化市场策略。

公司经过调查研究发现，虽然手机的市场接近饱和，但由于多数品牌手机的配套耳机价格昂贵，导致很多消费者直接购买裸机。另一方面，消费者对耳机的需求并没有明显降低。

因此，该公司看准了耳机市场，决定引进相关技术，开始生产可以与多数品牌手机相吻合的耳机。于是毅然决定投入400万元引进新技术并开始研究。过程中还不断地投入了相应的资金。终于，功夫不负有心人，公司成功生产出能与多个品牌手机相匹配的实用型耳机，定价合适。

产品一面向市场就获得了消费者的认可，销量不断上升，因而还带动了自家手机品牌的销售业绩，打响了知名度。这样一来，即使在公司手机销量不理想的情况下，也有耳机的销售盈利可以弥补亏损，从而降低公司的财务风险。

由此可知，公司进行多元化经营时，必须注重资源共享和风险分散，经营的产品之间必须要有较高的关联度，并具备生产技术的协同性。不仅要重视这些技术和管理的多元化协同性，还要为公司创造良好的人力资源环境、财物和经济信息等经营资源环境。

第三，按常理来说，长期投资的风险一般比短期投资的大，而股权投资的风险又比债权投资的大。因此，公司可实施证券组合投资，以此来分散有价证券投资活动的非系统性风险。这种分散风险的方式与多元化经营类似，只不过这里是投资项目的多元化。

总经理财务管理实操手册

9

学全面预算管理，防止公司过度透支而破产

公司经营一定会发生支出和收入，如果支出过大或支出不合理，很可能给公司带来财务危机。因此，总经理和管理者要带领旗下员工做好全面预算工作，控制经营成本，预测经营收入，对收支情况做到心里有数，防止公司在不知不觉中透支，导致公司无法继续经营，面临破产危机。

预算管理的起点是要有公司战略目标
全面预算管理的内容框架
预算的组织实施和监控
现金预算反映现金收支活动情况
预计三大财务报表数据
总经理进行预算审核让预算不脱轨
……

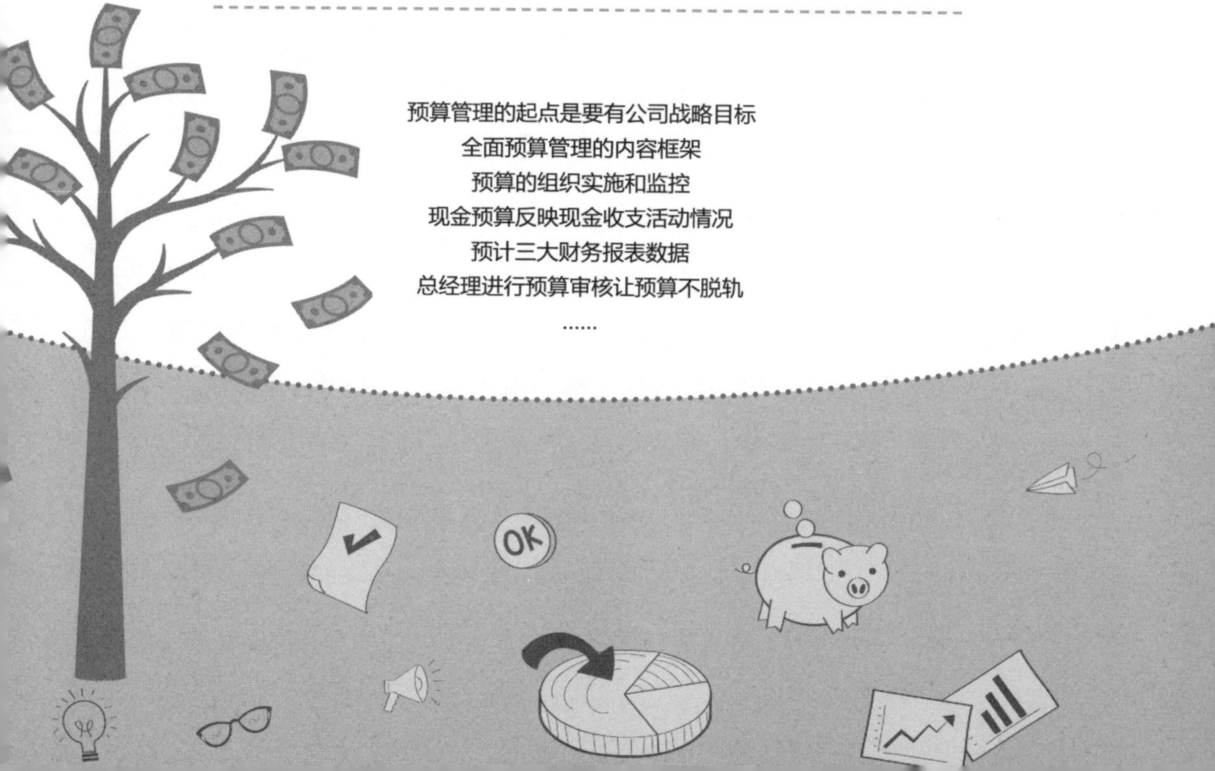

9.1 了解全面预算管理的流程和构成

全面预算管理是利用预算对公司内部各部门、各单位的各种财务及非财务资源进行分配、考核、控制，以便有效地组织和协调公司的生产经营活动，完成既定的经营目标。由此看来，全面预算管理是一项复杂而重要的工作，总经理和管理者要重视该工作的内容构成和实施流程。

9.1.1 预算管理的起点是要有公司战略目标

公司战略目标是对战略经营活动预期取得的主要成果的期望值，战略目标的设定是公司宗旨的展开和具体化。而预算管理就是要对各种财务和非财务资源进行分配、考核、控制，以此来支持公司的战略目标。也就是说，预算管理是为战略目标服务的，它本身不是目标。

比如著名的文言文《隆中对》就讲述了刘备前去拜访诸葛亮并获取有利策略的故事。从整体上看，诸葛亮为刘备制定了“三分天下”的战略规划，其中包括3个步骤，先取荆州安家，再取益州与曹操、孙权成三足鼎立之势，最后夺取中原统一天下。可以看出，“统一天下”是诸葛亮为刘备制定的最终战略目标，而实现这一目标则必须完成前两个步骤中取荆州和益州的细分目标。将最终目标细分为小目标的过程就是规划，对应财务中的预算。

由此看出，预算管理的起点就是要明确公司的战略目标。只有明确了目标，才能明白如何进行预算管理。那么，要如何制定公司的战略目标呢？一般来说，公司战略目标可从市场目标、创新目标、盈利目标和社会目标这四大内容展开，而确定公司战略目标则需要经历4个具体步骤，即调查研究、拟定目标、评价论证和目标决断，如图9-1所示。

调查研究

进行调查研究是制定公司战略目标之前的工作，侧重点是研究和预测公司与外部环境的关系及公司未来发展趋势，而不是陈述公司的历史与现状。开始确定战略目标后，要进一步复核调查研究的结果，整理资料，将公司与竞争对手进行对比，发现机遇和威胁、长处和短处，了解公司真实的经营情况，为最终确定战略目标打下基础。

↓

拟定目标

经过细致周密的调查研究，公司要开始战略目标的拟定工作，包括拟定目标的方向和水平。先在公司既定的战略经营范围内，通过综合考虑外部环境、需求和资源来确定战略目标的方向；然后再全面衡量公司自身现有的能力和可操作的措施，初步确定战略方向上开展的活动可达到的水平，从而形成对决策选择有参考价值的一些目标方案；最后按照目标结构合理性的要求，对比各种目标方案的优劣。

↓

评价论证

根据目标方案拟定出战略目标后，公司要组织相关专家和有关人员对目标方案进行评价和论证，看目标方向是否正确。着重研究拟定出的战略目标是否符合公司的企业文化，是否符合公司的整体利益和发展需要，是否与外部环境契合，是否能满足未来发展需要等。另一方面还要对战略目标的可行性和完善性进行评价和论证，着重看目标是否明确，目标内容是否协调一致，目标是否有改善的空间等，以期不断完善目标方案。如果在此过程中发现目标完全不正确或不可能实现，则需要重新拟定战略目标和评价论证目标方案。

↓

断定目标

及时衡量各个目标方案中的目标方向的正确程度、期望实现程序和期望效益的大小，尽量选择能使这些程度和效益最大的战略目标，保证战略目标的确定时机和良好效果。

图 9-1　确定公司战略目标的步骤

上图展示的 4 个过程不仅需要全部执行，还应紧密地结合和配合，不仅要让前一步骤的工作为后一步骤的工作打好基础，还应做到通过后一步骤的工作来检验和监督前一步骤的工作，灵活执行，确保战略目标准确。

小贴士 *如何整理公司目标*

虽然要尽可能多地提出目标方案，但总经理要清楚，目标个数过多反而会影响战略目标的制定。那么如何整理公司目标呢？

先把同类型的目标尽可能地合并成一个目标，然后把有从属关系的细分目标归入总目标，最后通过恰当的办法，形成一个单一的综合性的公司目标。

9.1.2 全面预算管理的内容框架

要想站在全局大角度了解公司的全面预算管理，总经理和管理者要清楚全面预算管理工作的大致框架。从预算管理的具体预算内容来看，其框架如图 9–2 所示。

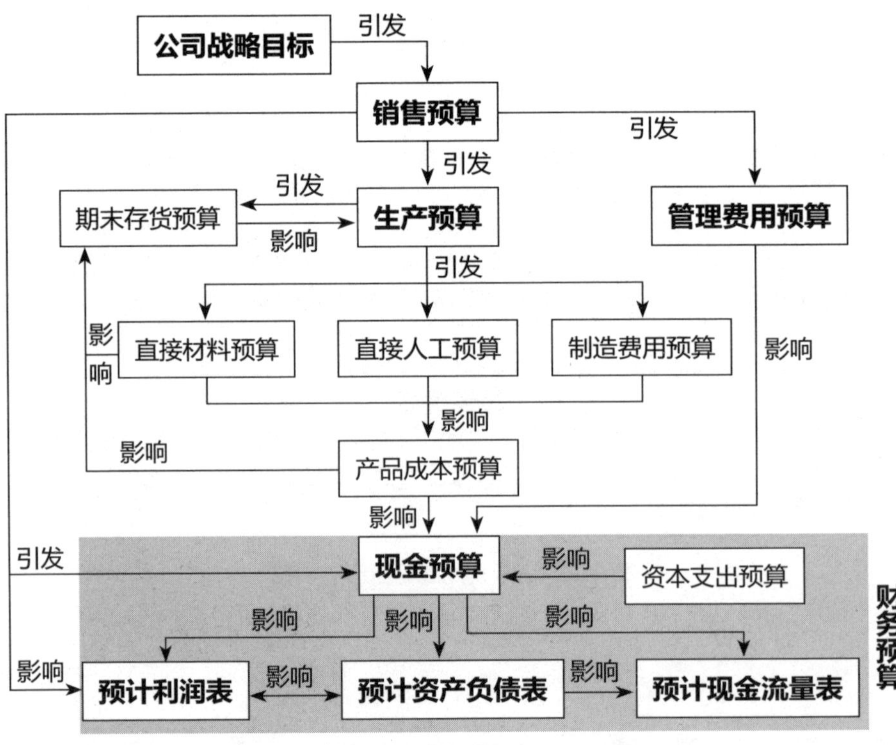

图 9-2　全面预算管理的具体内容框架

如果对公司内部各部门在全面预算管理工作中要做的事情进行框架式分析和展示，则此时的全面预算管理的内容框架如图 9–3 所示。

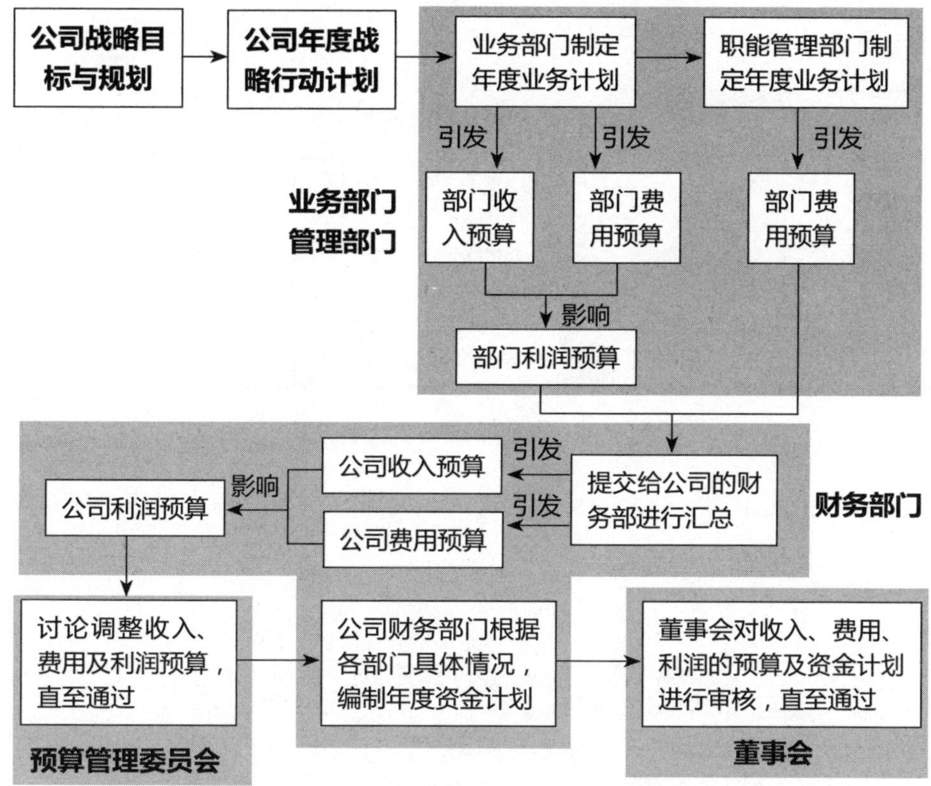

图 9-3 公司内部各部门在全面预算管理中的工作内容

从这两个图示可以知道，公司的全面预算管理工作内容复杂，且涉及公司内部的各个部门。总经理要做好全面预算，才能真正了解真实的财务状况。

小贴士 *财务预算是全面预算的一部分*

从全面预算管理的内容框架上来看，财务预算是全面预算的一部分，是集中反映未来一定期间（预算年度）内现金收支、经营成果和财务状况的预算。它与销售预算、生产预算等共同组成公司的全面预算管理体系。

9.1.3 全面预算管理的流程图

总经理对全面预算管理的内容框架作一个大概了解即可，但对全面预算管理的流程一定要熟悉，如图 9–4 所示的是全面预算管理的大致流程图。

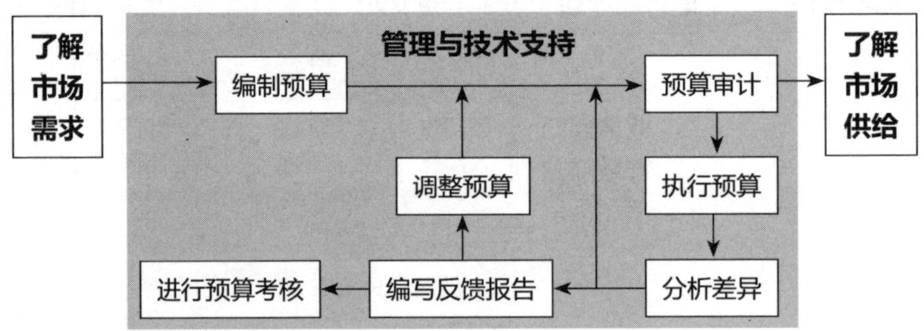

图 9-4　全面预算管理的大致流程

针对上图中展示的全面预算管理的大致流程，不同环节有其内在的行事流程，具体如图 9–5 所示。

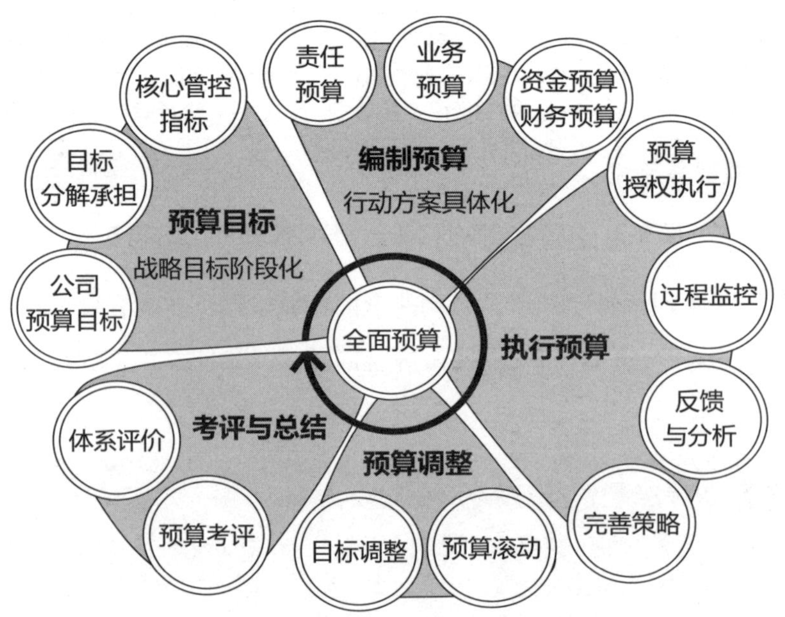

图 9-5　全面预算管理的细致流程

也就是说，公司在进行全面预算管理时，首先要制定公司的预算目标，分解目标并使相关部门承担，进一步确定核心管控指标；其次编制责任预算、业务预算、资金预算和财务预算等具体的预算方案；然后开始执行预算管理工作，如执行预算授权、监控预算过程、反馈和分析预算方案以及完善预算策略；接着对预算进行滚动调整，进而调整预算目标；最后对预算方案进行考评和总结。

9.1.4 预算的组织实施和监控

总经理在了解了全面预算管理工作的基本内容框架和流程以后，还要清楚地知道如何组织实施并监控预算工作。相关工作内容如表 9-1 所示。

表 9-1

负责机构	具体任务、权利和职责	工作层级
董事会、经理办公会或类似机构	对公司的预算管理工作负总责，对必要事项进行审核，并对公司法定代表人负责	决策层
预算管理委员会或财务部门	拟定目标，审议、平衡预算方案，组织下达预算工作安排，协调解决问题，组织审计、考核	管理层和考核层
财务部门	利用报表跟踪、监督和执行预算管理工作，及时提供预算执行进度和预算与实际的差异原因分析，提出改进预算管理的意见和建议	
公司内部各职能部门	主要负责人参与公司预算管理委员会的工作，并对本部门的预算执行结果承担责任	执行层
公司所属基层单位	主要负责人对本单位的财务预算的执行结果承担责任	

由表中所列的相关信息可知，总经理在公司预算管理工作中的“地位”是决策层，对预算管理工作负总责，并适时地对必要事项进行审核，同时从大局出发监控整个预算工作的实施情况。

9.2 总经理了解财务预算的内容，指导财务预算工作

财务预算一般包括现金预算、财务费用预算、预计利润表、预计资产负债表和预计现金流量表。如何做好财务预算呢？那就得分别做好财务预算内容的预算管理工作。

9.2.1 现金预算反映现金收支活动情况

编制现金预算的目的是帮助公司合理地处理现金收支业务并调度资金，保证公司财务处于良好状态。这里的“现金”包括库存现金、银行存款等货币资金，现金预算则是对预算期内公司现金流转状况进行预算。

也就是说，公司生产经营过程中，只要涉及现金流转的环节，都需要纳入现金预算的范围，比如销售、生产。这就会涉及销售预算、生产预算、直接人工预算、直接材料预算、制造费用预算、产品成本预算和管理费用预算等。由此看出，现金预算是公司预算管理中相关预算的汇总，由现金收入、现金支出以及现金多余或不足及其对应的资金运用和筹集这 3 个部分组成。相关部分预算工作说明如表 9-2 所示。

表 9-2

部分	预算工作说明
现金收入	包括预算期初现金余额和预算期现金收入，其中，期初现金余额是在编制现金预算时预计的，而预算期现金收入来自销售预算数据
现金支出	包括预算各项现金支出，其中，直接人工、直接材料、制造费用、销售费用与管理费用等现金支出的预算数据分别来自对应的预算结果；而所得税、购置设备和股利分配等现金支出的预算数据分别来自另行编制的专门预算

续上表

部分	预算工作说明
现金多余或不足及其对应的资金运用和筹集	是预算现金收入合计与支出合计的差额，差额为正，则预算结果为现金多余，可用于偿还借款或短期投资；若差额为负，则预算结果为现金不足，要考虑向银行或其他金融机构取得新的借款

现金预算的步骤为：预测现金收入→计划现金支出→编制现金预算表，每个步骤中的具体工作需根据公司自身情况灵活安排。

9.2.2 生产费用预算反映成本和费用的支出情况

生产费用包括进行商品生产发生的费用和公司自制设备与各项劳务作业所发生的费用。一般来说，生产费用包括直接材料、直接人工、制造费用、管理费用、财务费用和销售费用等。

1. 直接材料预算和直接人工预算

直接材料预算是对预算期内直接材料的需用量和采购量进行的预算，该工作的大部分内容归为生产预算，由生产部门自行实施。而属于财务预算的部分就只是汇总生产部门提交的直接材料预算数据，最终得出直接材料费用的预算结果。

直接人工预算是对预算期内人工工时的消耗和人工成本进行的预算，同样，该工作的大部分内容归为生产预算，由生产部门自行实施。而属于财务预算的部分就只是汇总生产部门提交的直接人工预算数据，最终得出直接人工成本的预算结果。

2. 制造费用预算

制造费用预算是对除直接材料、直接人工以外的其他一切生产费用进行的预算，分为变动制造费用预算和固定制造费用预算，主要工作内容由生产部门实施。财务预算部门只需对生产部门提交的制造费用预算数据进行汇总，得出最终的制造费用预算结果。

3. 管理费用预算

管理费用预算是对公司发生的一般管理费用支出进行的成本预算。公司通常先做好管理预算计划，再严格按照预算执行管理费用的管理工作，若超支，则需经过特别的流程完成审批，事后再对预算和执行情况进行对比研究分析，为编制下一会计期间的管理费用预算提供科学依据。

由于管理费用可能涉及公司的各个部门，项目比较复杂，且多属于固定成本，因此各部门只需上报各自可能发生的管理费用明细即可，主要工作由财务部门执行。那么，财务部在执行管理费用预算工作时，需要注意的问题有哪些呢？如下所示。

- 比较、分析过去的管理费用实际开支，充分考虑预算期内各费用项目的变动情况和影响因素，确定各费用项目的预计数额。
- 执行过程中，必须充分考虑各种费用是否必要，要提高费用支出效率。
- 在管理费用预算工作的最后，还要预计预算期内管理费用的现金支出数额，为现金预算提供现金支出的详细资料。

4. 财务费用预算

财务费用预算是对预算期内公司筹集生产经营所需资金而发生的费用进行预计。该预算工作必须根据现金预算中的资金筹措和运用的相关数据来开展，所以将该预算纳入财务预算的范围。

由于公司财务费用的发生主要与公司存贷款有关，且受存贷款数额和利率变动的影响，因此，假设利率较稳定，且公司生产、销售规模也没有太大变化，则预算期内的财务费用与上一会计期间的一般相差无几。这种情况下，可在上一会计期间的财务费用开支水平的基础上，按预算期内可预见的变化对预算期内的财务费用进行预估，得出财务费用预算数额。但如果没有上一会计期间的财务费用数额做参考，则可按如下公式预计预算期内的财务费用。

预计财务费用 = ∑每次借款额 × 每次借款期限 × 每次借款利率 − 每季度平均银行存款累积计息积数 × 存款利率 ×4

这种预算方法比较难，因为它需要考虑公司当前的信贷规模，所以需要先进行信贷预算和专门决策预算，才能进行财务费用预算。

5. 销售费用预算

销售费用预算是对为了实现销售目标所需支付的费用进行的预算。它以销售预算为基础，要分析销售收入、利润和费用之间的关系，力求实现最大限度地发挥销售费用的作用。

销售费用预算分为变动性销售费用预算和固定性销售费用预算，主要工作由公司的销售部或市场部实施，在对过去发生的销售费用进行分析的基础上，考察销售费用支出的必要性和效果，然后预测下一期的销售费用。

而属于财务预算部分的销售费用预算工作是指财务部将销售部或市场部提交上来的销售费用预算数据进行汇总，得出最终的销售费用预算结果。如图 9–6 所示的是某公司的销售费用预算表。

××年度销售计划及销售费用预算表										
月份	销售计划	预算							增值税
		房租	工资	保险	差旅费	招待费	销售返利	税金	
合计									

图 9-6　销售费用预算表（简单版）

9.2.3 预计三大财务报表数据

财务工作少不了的就是三大财务报表的编制，即利润表、资产负债表和现金流量表。公司在执行财务预算管理工作时，可通过对这三大报表进行数据预算来帮助完成部分财务预算。

1. 预计利润表

预计利润表是综合反映预算期内公司经营活动成果的一种财务预算，它主要根据销售、产品成本、制造费用、销售费用、管理费用和财务费用等日常业务预算的相关资料进行编制。

总经理要注意，与现金预算的编制原则不同，预计利润表是按照权责发生制和变动成本法编制的，其基本原理可总结为如下几个计算公式。

生产阶段边际贡献预算＝销售收入预算－变动销售成本预算－销售税金及附加预算

销售阶段边际贡献预算＝生产阶段边际贡献预算－变动销售费用预算

利润总额预算＝销售阶段边际贡献预算－固定成本－固定销售费用－管理费用预算－财务费用预算

或者，利润总额预算＝销售毛利预算－销售税金及附加预算－管理费用预算－销售费用预算－财务费用预算

净利润预算＝利润总额预算－所得税预算

实例分析

预算利润表中的相关数据，完成利润表预计工作

某公司在2020年初进行了利润表预算，预计实现销售收入126.00万元，对应增值税销项税额16.38万元；预计发生销售成本55.63万元，其中管理人员工资、基本办公费用、固定资产折旧和劳动保护费等固定成本共8.48万元，增值税进项税额预计5.53万元；预算时未考虑其他业务收入和支出；另外，预计年度管理费用有18.56万元，销售费用30.60万元，其中变动销售费用有10.08万元，财务费用有0.38万元。已知当地城建税税率为5%。

解析：变动销售成本预算 = 销售成本预算 – 固定成本 =55.63−8.48=47.15（万元）

销售税金及附加预算 =（增值税销项税额 – 增值税进项税额）× 城建税和教育附加费率之和 =（16.38−5.53）×（5%+3%+2%）=1.085（万元）

生产阶段边际贡献预算 =126.00−47.15−1.085=77.765（万元）

销售阶段边际贡献预算 =77.765−10.08=67.685（万元）

固定销售费用 =30.60−10.08=20.52（万元）

利润总额预算 =67.685−8.48−20.52−18.56−0.38=19.745（万元）

所得税预算 = 利润总额预算 × 所得税税率 =19.745×25%=4.94（万元）

净利润预算 = 利润总额预算 – 所得税预算 =19.745−4.94=14.805（万元）

将上述计算结果填写到预计利润表中对应的位置，完成利润表预算工作。

预计利润表的模板如图 9–7 所示。

预计利润表

项目	上年实际	本期预算	比上年增长额	比上年增长率%
主营业务收入				
主营业务成本				
销售毛利				
销售毛利率				
城建税和教育附加费				
其他业务收入				
其他业务支出				
其中：税金及附加				
人工费				
材料费				
折旧				
其他业务利润				
管理费用				
销售费用				
财务费用				
营业利润				
营业利润率				
投资收益				
营业外收入				
营业外支出				
利润总额				
所得税				
净利润				

图 9-7 预计利润表

2. 预计资产负债表

预计资产负债表是根据公司当前的实际资产负债表和全面预算中的其他预算提供的资料编制而成的总括性预算表格，用于反映公司预算期末的财务状况。该预算工作用于判断预算期内财务状况的稳定性和流动性。

如果在进行资产负债表预算时发现公司的某些财务比率不佳，甚至不正常，则总经理需要通知财会人员查明原因，同时修改预算数据，使预计资产负债表能够发挥其参考作用，帮助公司改善财务状况。那么，如何进行资产负债表预算呢？

第一步，区分资产负债表项目中的敏感项和非敏感项。其中，敏感项目是指直接随销售额变动的资产和负债项目。

第二步，计算敏感项目的销售百分比。敏感项目的销售百分比 = 基期敏感项目 ÷ 基期销售收入。

第三步，计算预计资产、负债和所有者权益。

第四步，对需要从外部追加的资金进行预算。预计需要从外部追加的资金 = 预计资产 − 预计负债 − 预计所有者权益。

3. 预计现金流量表

预计现金流量表是对公司一定期间内现金流入和现金流出情况的一种预算。该预算工作以业务预算、资本预算和筹资预算为基础，是其他有关现金预算的汇总，是公司能否持续经营的基本保障预算。

预计现金流量表的编制可以弥补编制现金预算的不足，有利于了解预算期内公司的资金运动状况和经营能力，且能突出表现一些长期资金筹集和运用的方案对预算期内公司发展的影响。

如图 9-8 所示的是现金流预测的具体步骤。预计现金流量表与现金流量表唯一的区别就是数据是预算数据。

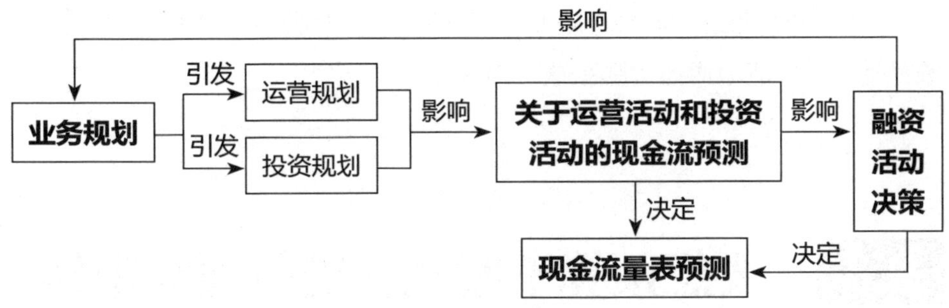

图 9-8 现金流预测

9.2.4 资本预算反映资本支出活动的状况

资本预算是根据已确定的投资方案而编制的分年度的长期资金收支计划，目的是预先规定某投资项目所需资金总额及其需要期，预先规定该投资项目的具体内容，如应购置设备的种类、型号，投资规模，资金需要量及其来源，以及预先规定该投资项目允许支付的资金限额等。

资本预算与公司一定期间内的现金预算和预计资产负债表等有密切联系，它对建设资金的来源和运用进行预算。该预算工作的大致流程如图 9–9 所示。

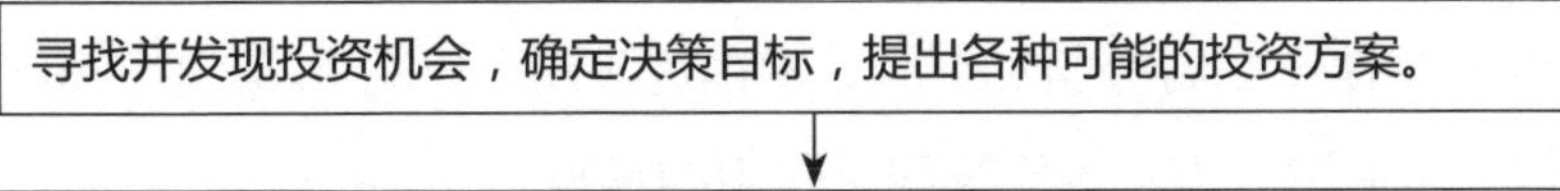

估算各种投资方案的预期现金流量及其风险程度，并据此对现金流量进行风险调整，同时收集与投资活动有关的外部资料，如是否有竞争对手、竞争对手的资金情况等。另外，要预算各投资方案的投资回收期、平均收益率、内含报酬率和获利能力指数等数据。

评估各个方案的优劣，判断公司能否在预算范围内完成投资项目，然后择优选取。在经济活动开展过程中对已决策项目进行再评估和调整。

图 9-9 资本预算的过程

总经理要注意，通货膨胀对资本预算有一定的影响，因此在进行资本预算时，最好能考虑通货膨胀这一因素。

9.3 要想预算不脱轨，进行预算审核、分析、调整及考核

预算编制的好坏会直接影响公司下一年度的工作开展，甚至是工作目标的实现。因此，总经理要带领公司内部员工做好预算工作，而这不仅仅是做好预算编制，还要对各项预算进行审核与分析，对不合适的预算要及时调整，最后对预算的执行情况进行考核。从这 5 个方面入手，可有效保证预算不脱轨。

9.3.1 总经理进行预算审核让预算不脱轨

有一些公司会设立很专业的预算管理组织，如预算管理委员会、预算办公室等，主要工作就是处理公司的日常预算管理事务，比如进行预算的编制、审核、调整、执行分析和考核，还有处理预算沟通事项。这些事务中，预算审核非常关键，也是预算管理工作中的难点。

那么，预算审核究竟由谁来审呢？从本章 9.1.4 节的内容可知，董事会和经理办公会等要对预算过程中的必要事项进行审核。那么，具体审核哪些内容呢？

- 审核公司对预算收支计划的安排是否符合公司的发展目标、方针、政策和计划指标。
- 审核预算管理工作是否符合公司预算管理体制的要求。

- ◆ 审核预算的内容是否完备，相关资料是否齐全。
- ◆ 审核预算是否与业务的真正需求相契合，比如，维修部门提报了配置墨镜的预算，理由是夏天阳光刺眼，检查线路时可以有效保护员工的眼睛。乍一看没问题，但仔细想想，戴个墨镜能检查出故障或瑕疵吗？所以，这里的墨镜预算不符合业务的真正需求。

总经理如何才能真正做好公司的预算审核工作呢？首先，要多去工作或作业现场了解实际情况；然后，要从日常的工作逻辑出发，在审核时多从业务的角度去问“为什么”。

在预算审核过程中，最需要关注的是公司的外部经营环境、行业发展状况和平均水平，以及公司自身的实力。同时，要做到“收入利润有下限，成本费用有上限”。

从实际工作经验中可得知，预算审核其实就是协调“决策层”和“执行层”的角色。

因为在设置预算目标时，一般采用领导层决策，然后由下属职能部门执行，这样可能会使公司编制的预算与实际发展趋势不相符，所以此时就需要预算审核组织在执行领导层决策的同时审查预算管理工作的开展情况，及时将各职能部门在执行预算工作中提出的意见或建议上报给领导层，发挥预算审核组织的协调作用，以便领导层对决策进行调整，从而制定出更合理的预算目标。

9.3.2 预算分析的 4 种方法

预算分析是用来跟踪、反映和加强全面预算执行的有效方法，而进行预算分析的方法有很多，比如差异分析法、对比分析法、结构分析法及趋势分析法等。

◆ 差异分析法

差异分析法就是分析公司往期各预算报表数据和实际绩效之间存在的差异，从而找到产生差异的内外部原因，及时发现和解决预算执行过程中出现的问题和存在的风险，为后期预算管理工作提供指导性依据。

◆ 对比分析法

对比分析法就是将相关的预算指标进行对比，然后分析项目之间的关系和具体变动情况，通常用于对比的都是性质相同的指标，从而探究预算与实际产生差异的原因，判断预算工作的执行效果。如表 9-3 所示的是该方法的具体对比内容。

表 9-3

类型	具体内容
实际与预算	对比分析实际数与预算数，如完成率 = 实际完成数 ÷ 预算完成数
同比分析	将当期实际数与基期的同一时间的实际数进行对比分析
环比分析	将当期实际数与上期实际数进行对比分析

◆ 结构分析法

结构分析法就是分析实际与预算等各数据构成的结构差异，看结构变化如何影响预算工作的完成情况。比如分析实际操作和预算情况下管理费用、财务费用和销售费用等分别占各自期间费用的比例。

◆ 趋势分析法

趋势分析就是根据公司连续几个时期的分析资料，确定预算期各有关项目的变动情况和趋势、实际值的季度累进趋势等。

9.3.3 预算调整的原则和几种常见方法

预算调整是指公司批准的预算在执行过程中，因特殊情况需要增加支出或减少收入，使原来批准的收支平衡的预算的总支出超出总收入，或使原来批准的预算中举借债务的数额增加的部分变更。虽然预算可以进行调整，但也不能随意调整，需要遵循一定的原则，同时调整方式也有讲究。

◆ 预算调整事项应遵循的原则

首先，预算调整不能偏离公司的发展战略和年度预算目标；其次，制定的预算调整方案应能使经济实现最优化；最后，预算调整的重点应放在预算执行中出现的重要的、非正常的、不符合常规的关键性差异方面。

◆ 预算调整的 4 种方式

在预算执行过程中，由于客观环境会不断发生变化，为了适应这种变化，使预算目标更贴合实际，公司需要对预算进行局部调整，重新规划使预算收支达到平衡。具体的调整方式有如表 9-4 所示的 4 种。

表 9-4

方式	用法及注意事项
科目流用	在保证原来的预算支出总额不超支，且各项建设事业可以顺利完成的情况下，将预算支出科目的数额进行必要的调配，局部改变资金用途，既不影响总的收支平衡，也使资金充分发挥作用。在我国，为了避免因科目流用而造成市场供求不平衡的情况发生，国家对科目流用范围和程序作了相关规定
追加追减	对原定的预算收支总额进行追加或者缩减。在进行该方式的预算调整时要注意，追加或缩减会改变预算收支的总额，影响财政收支平衡，所以必须要以有利于发展经济的手法来追加或缩减，如追加或减少的同时要相应调整建设事业的计划，考量收入和支出的关系
预算划转	当公司、事业单位等的行政区划或隶属关系发生变化时，公司、事业单位需将原来的预算划归到新的领导部门或接管单位，实现预算关系的转移。在划转过程中，划出单位应按照全年各项预算收入和预算支出进行划转；年度预算执行过程中已经缴入国库的收入和已经实现的支出，由划转双方分别结算
预算调剂	指上下级财政之间进行的预算资金调度。这种调整仅限于纵向调剂，目的是解决预算执行过程中发生的各级财政不平衡的问题

9.3.4 只执行不考核，预算就是空中楼阁

公司编制了预算后，一味地执行而不对预算的执行结果进行考核，就可能使预算效果偏离公司的经营目标。

而预算考核是公司对各级预算责任单位或责任中心执行预算的结果进行的考核与评价，是通过预算管理体系对预算的执行者实行的一种有效的激励和约束。预算考核从如下两个方面入手。

- **对整个预算管理体系进行考评：**即对公司经营业绩和各种指标进行考评，包括生产能力指标、销售能力指标、市场开拓能力指标和资金运作能力指标等各种需求指标。
- **对预算执行者的考核：**即对人进行考核，对预算工作做得好的进行激励，对预算工作做得不好的进行批评、指导和惩罚。

预算考核的目的是更好地实现公司战略和预算目标，所以在设计预算考核体系时要遵循一定的原则，具体如表 9-5 所示。

表 9-5

原则	详述
可控性	预算考核必须公开、公正和公平，各预算执行单位在其责权范围内负责各自的可控制的预算差异，做到“责、权、利”统一
动态性	预算考核要讲究时效性，公司可根据管理基础、内外部环境变化及经营需要来选择合适的考核时点，如季度考核、半年度考核、不定期考核等，如果在预算期结束后再进行考核，则会削弱预算考核的总结评价作用
例外性	公司应在预算管理中对一些特殊情况做例外处理、特殊处理，如市场变化、产业环境变化、相关政策改变、重大自然灾害和意外损失等不可控的例外事件，针对这些变化，按照预算管理办法规定的程序调整预算，同时按照调整后的预算指标进行预算考核
公平公正	制定预算考核标准的过程要对所有被考核者公开，并且在开始执行考核前公布考核标准，考核结果也应按规定程序进行公布
总体优化	公司预算管理目的是实现公司预算管理的总目标，而过程中各责任预算主体在配合公司工作的同时也在争取自身利益的最大化，两者之间存在利益矛盾，预算考核的作用就是要化解这一矛盾

在明确了预算的考核原则后，就要具体实施预算考核了，主要包括如图 9–10 所示的 3 个步骤。

设计指标

先明确预算考核的指标体系，从 3 个方面着手设计考核指标：

1. 预算考核的指标，即确定哪些指标需要进行预算考核，如认为成本管理比战略更重要的公司，应突出考核成本类预算指标；认为长远发展比短期盈利更重要的公司，应突出考核投资回报、长期盈利能力等预算指标。
2. 解释指标，即对每一个需要考核的预算指标进行解释，比如指标是如何计算的，销售部门发生的销售费用是否包括固定资产折旧等。
3. 确定被考核指标的权重，即确定不同的考核指标在预算考核中的地位和重要性，权重的确定要顾全大局，要突出重点。

↓

计算指标值

设计指标的工作完成后，根据各责任中心的预算执行情况，计算指标值，切切实实执行预算考核工作。

↓

兑现奖惩

当预算考核得出结果后，按照相关规定和管理办法兑现奖惩，主要解决 3 个方面的问题：

1. 确定奖惩的范围，公司人力资源部协助制定相关办法和制度，为各个责任预算主体提供预算考核的结果奖惩标准，而各个责任预算主体按规定执行，按照考核的结果确定奖惩的范围。
2. 确定预算考核的时间跨度，即当前进行的预算考核工作、得出的考核结果和奖惩处理等是属于哪个时间的，将考核工作时间化，使考核效果更精准。
3. 确定奖惩的“关联方”，即确定预算考核的奖惩具体与哪些考核内容相关，比如与责任预算主体的工作成效有关，与预算管理工作的负责人工作效益有关。

图 9-10　预算考核的实施步骤

预算考核过程是对预算执行效果的认可过程，考核中要注意以下问题。

- **实现利润预算管理**：预算考核时若没有特殊原因，则未能实现预算目标的就说明执行者未能有效执行预算。
- **公司应设计一套与预算考核相适应的激励制度**：没有科学的激励制度，预算执行者就缺乏执行预算的积极性和主动性，预算考核就会失去意义。

- **预算考核的时间要恰当**：当期的预算执行结果推到下期或更长时间后进行考核，就会失去考核的激励作用，所以考核时间要恰当。
- **预算考核应做到分级进行**：每一级责任单位负责对其下级责任单位进行预算考核，而本级责任单位预算的考核工作由其所属的上级单位进行。
- **不同的责任中心应有不同的侧重点**：如成本中心以评价成本预算执行结果为主；利润中心以评价利润预算执行结果为主；投资中心则以评价资本创造效益的执行结果为主。

9.4 重视预算管理的误区，少走弯路

总经理要掌握公司的整体预算管理情况，事情会比较繁多，稍不留神就可能走入预算管理的误区，让公司在发展的道路上走弯路。因此，需要总经理和其他管理者应重视预算管理的误区，为公司规划一个正确的发展轨迹。

9.4.1 误区 1：预算就是计算出一些汇总数据

实施全面预算管理需要计划，即行动方案，而不仅仅是计算出一些汇总数据就可以了。比如，某公司的市场部确定了明年的 2500.00 万元的广告费预算，但这 2500.00 万元要用来做什么？怎么做？做完了要达到什么效果？如果没有制定计划来回答和解决这些问题，那就等于告诉市场部，明年的任务就是把这 2500.00 万元花掉。此时，一个只管花钱而不管花钱的过程与后果的部门，最终会产生怎样的经营效益就显而易见了。再来看一个有趣的例子。

实例分析

公司不审核预算的用途，员工只管花钱而不干实事

某医药公司请了一位财务课讲师给他们公司的财务人员上培训课。但当天只有几个人来听课，而且都在位置上做着自己事，聊天，根本没人认真听讲师讲课。

中场休息时，讲师向负责此次培训课的人问了一个问题："就你们公司员工的这个听课状态，还搞什么培训啊？"

负责人回答这位讲师："老师，您不知道，我们部门向公司申请的预算还没有用完，现在就是要把这个钱花掉，您讲课结束后直接拿走劳务费，我们也算是把事情办完了。"

讲师心想："嚯！要是遇到的都是这种公司，那我就轻轻松松拿钱就好了。"

由该案例可以看出，一个公司的预算管理如果只是汇总预算数据然后派发预算，没有准确的行动方案，不对预算的用途进行严格的审核，那就等着经营预算变"职工福利"吧。

9.4.2 误区 2：公司一定会按照预算结果往前发展

对于达到一定发展规模的公司来说，预算是必须的。但预算毕竟体现的是未来，而谁又能说得准未来呢？因此，很多人会把公司是否按照预算结果往前发展用来检验预算管理准与不准，而这样一来就混淆了"预算"和"预测"。

比如，当专业人士通过各种方法计量出明天下雨的概率为 80%，晴天的概率为 20%，此时这些数据就是预算的结果。而针对这一结果，很多人会认为"明天很可能要下雨"，这一"认为"就是预测。

也就是说，预算是实实在在的数据结果，而预测只是摆出可能性大的结果是什么。

再比如，当预算人员为公司制定的下年度利润预算为1000.00万元时，到了下年度年底，可能没有达到1000.00万元的预算目标，也可能超出了1000.00万元的预算目标。而在下年度刚开始经营没多久，公司就出现了比以往业务明显增多的现象，此时公司管理层就会预测当年实现的利润将超过1000.00万元，但年底是否真的会超出1000.00万元的利润预算呢？这是还不能知晓的。

由此可知，预测是必须要做的，但经营过程中做出的预测只是一种可能性，只有当经营结果统计出来后才能判定预测是否准确以及预算的执行程度，而此时的经营结果并不是用来判定预算准确与否的。

还有一种情况：预测是基础，预算是根据预测结果提出的对策性、针对性方案，是针对预测结果做出的一种预先的风险补救及防御。

比如，某人某天出门，看见天空很黑，预测不久将要下雨，但也可能不下雨。此时这个人就做一下预算——随身带一把雨伞，至于最终能否用到这把雨伞是未知数。

所以，“公司一定会按照预算结果往前发展”的说法是不正确的。

9.4.3 误区3：制订财务计划就是预算管理

首先要明确，预算不等于财务计划，也就是说，预算管理并不是制定财务计划这么简单。为什么呢？

- **从内容上看：** 预算是公司全方位的经营计划，而财务计划只是公司预算的一部分，不是全部。
- **从预算形式上看：** 预算可以是货币式的，也可以是实物式，是可以用实实在在的数字表示的，比较具体；而财务计划是以价值形态表现的计划，比较抽象。

- **从范围上看：**预算是一个综合性的管理系统，涉及公司各个部门；而财务计划的编制、执行主要由财务部门自行控制。

制订财务计划的目的是为财务管理确定具体量化的目标，即财务预算，这是整个公司发展计划的一小部分，而预算管理针对的是整个公司的管理工作，两者显然不同。

预算管理的根本点是通过预算来辅助管理，使预算成为一种自动的管理机制，而不是单纯的管理手段。作为一种管理机制，预算管理一方面要与市场机制相对接，预算管理工作的开展要以市场为起点；另一方面要与公司内部管理组织和运行机制相对接，要与公司管理工作相契合。

预算管理不是数据的堆砌或表格的罗列，而是一种与公司管理结构相适应的一套管理系统，公司健全的预算制度是完善的法人治理结构的体现。

预算管理是一种战略管理，其实施目标其实就是公司的战略目标，通过预算管理，能使公司的战略意图得到具体贯彻，长期和短期的计划得以沟通、衔接和执行。

因此，“制订财务计划就是预算管理”这一说法不正确。

读者意见反馈表

亲爱的读者：

感谢您对中国铁道出版社有限公司的支持，您的建议是我们不断改进工作的信息来源，您的需求是我们不断开拓创新的基础。为了更好地服务读者，出版更多的精品图书，希望您能在百忙之中抽出时间填写这份意见反馈表发给我们。随书纸制表格请在填好后剪下寄到：北京市西城区右安门西街8号中国铁道出版社有限公司大众出版中心 王佩 收（邮编：100054）。此外，读者也可以直接通过电子邮件把意见反馈给我们，E-mail地址是：505733396@qq.com。我们将选出意见中肯的热心读者，赠送本社的其他图书作为奖励。同时，我们将充分考虑您的意见和建议，并尽可能地给您满意的答复。谢谢！

所购书名：____________________

个人资料：

姓名：__________性别：________年龄：________文化程度：__________

职业：____________电话：____________E-mail：____________

通信地址：____________________邮编：____________

您是如何得知本书的：

□书店宣传 □网络宣传 □展会促销 □出版社图书目录 □老师指定 □杂志、报纸等的介绍 □别人推荐

□其他（请指明）____________________

您从何处得到本书的：

□书店 □邮购 □商场、超市等卖场 □图书销售的网站 □培训学校 □其他

影响您购买本书的因素（可多选）：

□内容实用 □价格合理 □装帧设计精美 □带多媒体教学光盘 □优惠促销 □书评广告 □出版社知名度

□作者名气 □工作、生活和学习的需要 □其他

您对本书封面设计的满意程度：

□很满意 □比较满意 □一般 □不满意 □改进建议

您对本书的总体满意程度：

从文字的角度 □很满意 □比较满意 □一般 □不满意

从技术的角度 □很满意 □比较满意 □一般 □不满意

您希望书中图的比例是多少：

□少量的图片辅以大量的文字 □图文比例相当 □大量的图片辅以少量的文字

您希望本书的定价是多少：

本书最令您满意的是：

1.

2.

您在使用本书时遇到哪些困难：

1.

2.

您希望本书在哪些方面进行改进：

1.

2.

您需要购买哪些方面的图书？对我社现有图书有什么好的建议？

您更喜欢阅读哪些类型和层次的书籍（可多选）？

□入门类 □精通类 □综合类 □问答类 □图解类 □查询手册类 □实例教程类

您在学习计算机的过程中有什么困难？

您的其他要求：